Doe er wat aan

Doe er wat aan

Coach jezelf

Willem Wanrooij
Thea Groeneveld

Thema, bedrijfswetenschappelijke en educatieve uitgeverij

Wil je een vraag stellen aan de auteurs, voor jezelf een specifieke coachingsvraag definiëren (met behulp van een vragenformulier) of voorbeeldsituaties zien van anderen? Kijk dan op www.coach-jezelf.nl. Deze site vult het boek aan en geeft je de mogelijkheid om interactief over het onderwerp verder te communiceren.

© Thema, Zaltbommel, 2007

Voor overnames kunt u zich wenden tot:
Thema, Postbus 287, 5300 AG Zaltbommel of info@thema.nl.

Omslagontwerp: Studio Jan de Boer, Amsterdam
Opmaak binnenwerk: Annelies Bast, Amsterdam
Grafische productie: Tailormade, Buren

ISBN 978 90 5871 207 3

NUR 808

TREFWOORD coachen

www.thema.nl

INHOUD

INTRODUCTIE

De titel belooft dat we je helpen met het verminderen van allerlei persoonlijk ongemak. We geloven dat we dat waar kunnen maken. Als je met ons de aangegeven weg afloopt, ontwikkel je nieuw gedrag, ontdek je nieuwe mogelijkheden, doe je nieuwe energie op en neemt de invloed van jouw oude, ongemakkelijke patronen geleidelijk af. In dit boek voeren we je mee in de processen waarmee je jezelf kunt coachen. Een uniek concept als je al in coaching bent geweest of als je vindt dat je nu zelf aan de slag moet. Je kiest zelf je tijd, gebruikt je eigen wijsheid, creëert een veilig vangnet en komt toe aan jouw wezenlijke ontwikkelpunten.

Als je jezelf coacht, krijg je begrip voor je eigen handelwijze en voor het handelen van anderen. Je begeleidt jezelf bij het ontwikkelen van al je mogelijkheden en al je potenties. Je vindt passende oplossingen en antwoorden op je vragen. Je leert op jezelf te vertrouwen. Je voelt je competent aan te pakken wat je op je pad ontmoet.

Wat ga je doen als je met ons het pad afloopt? Vragen stellen is een essentieel instrument in coaching. Als je dus de coach van jezelf bent, stel je jezelf specifieke coachvragen. Wij geven aan hoe en waar je dat kunt doen en geven heldere schema's waarmee je aan de slag kunt. De antwoorden op de vragen geven je de kansen om tot verdere groei te komen. Je wordt de regisseur van je mogelijkheden.

We gaan in dit werkboek methodisch te werk. Met veel voorbeelden uit de praktijk krijg je inzicht in de verschillende stappen in het ontwikkelingsproces. Je begrijpt daardoor beter hoe en waarom je doet wat je doet. Vervolgens leid je jezelf naar nieuwe keuzes en alternatieven. Juist door die nieuwe ervaringen versterkt je gevoel van eigenwaarde in je werk en privéleven. Zelfcoaching werkt als je de signalen van je ongemak serieus neemt, in verandering gelooft en de tijd neemt om de aangegeven weg te gaan. We wensen je succes onderweg, veel plezier en mooie uitzichten.

Zo maak je er een succes van

Hoe gebruik je dit werkboek en wat is handig om je rol als coach van jezelf in te vullen?

DOE ER WAT AAN

METHODE
We werken systematisch met zeven aspecten van je persoonlijkheid. Elk daarvan heeft invloed op je doen en laten. Binnen ieder element kun je ontwikkelpunten vinden en is winst te behalen. We nodigen je daarom uit de lijn van het boek te volgen. Maar als je ervan houdt minder systematisch te werk te gaan, kun je daaraan toegeven. De opbouw van ieder hoofdstuk staat dat toe. Als je alle stappen hebt genomen, ben je heel wat wijzer geworden. Je ontdekt waar jouw grootste winst ligt en waar je dus je coaching het best op kunt richten.

TIJD
Wie in een coachingstraject stapt, weet dat dit tijd kost. Je begint met je eigen specifieke ontdekkingen te doen, vervolgens werk je aan de verandering door te oefenen met jouw veranderde gedrag en tot slot geniet je van het behaalde resultaat. Als je jezelf coacht, is dat ook zo. Het kost tijd. Geen rendement zonder investering. Het grote voordeel van zelfcoaching is wel, dat je de baas bent over je eigen coachtijd en op elk moment aan de slag kunt. Je hoeft niet te wachten op de volgende afspraak, je hebt geen reistijd et cetera.
Als je met een aspect aan de gang gaat, ben je zeker een uur geconcentreerd bezig. Je leest de voorbeelden en de uitleg bij een onderdeel. Je doet de oefeningen om je de stof eigen te maken en tot slot maak je je eigen casus door een schema stapsgewijs in te vullen. Daarna ga je oefenen in de praktijk om je nieuwe kansen uit te buiten en je ontwikkeling

te borgen. Dat vraagt de rest van je leven, totdat het een vast bestand-deel van je nieuwe, verder gegroeide persoonlijkheid is geworden. Je kunt ervoor kiezen in een maand twee sessies van een uur te plannen. Of iedere week een uur voor jezelf te nemen. Ons advies is: maak met jezelf een afspraak over de tijd die je gaat investeren en plan die tijd.

PLAATS

Kies een plek die je helpt geconcentreerd te zijn. Waar dat is, is voor ieder van ons verschillend. Zoek naar een plaats die je energie geeft en waar je weinig kans hebt gestoord te worden.

Laat de methode, de tijd en de plaats voor je werken. Dwingen helpt niet, sturen wel.

I SITUATIES EN PATRONEN

Je krijgt inzicht in de invloed van situaties en in je eigen gedrags-
patronen. Hoe gebruik je wat er is en zet je de ontwikkeling in gang?

Rudy: ik voel me machteloos

Wat is mijn globale situatie?
Het bedrijf waarvoor ik werk, is kortgeleden gefuseerd. Dit betekent
dat er veel geïntegreerd moet worden: afdelingen en mensen. De werk-
processen lopen nog niet goed en er moeten keuzes gemaakt worden,
want de mensen nemen verschillende manieren van werken mee uit hun
oude situatie. Er zijn nogal wat ontevreden mensen. De werkdruk is erg
hoog. Ik ben clusterleider; mijn eerste leidinggevende baan.

Wat is de huidige situatie waarin ik verandering wil brengen?
Alle aanvragen voor werk en nieuwe projecten komen bij mij binnen en
mijn taak is dan om die te verdelen onder de medewerkers. Als ik een
project aan iemand wil geven en hij maakt bezwaar, dan geef ik snel toe
en neem ik het werk weer mee.

Ik geef een voorbeeld.
Nou, dan zegt de ander bijvoorbeeld: 'Hoe kun je dat nieuwe project
nou aannemen? We zitten al helemaal vol. Ik kan er echt niets meer bij
hebben hoor.' En dan zeg ik: 'Dan doe ik het zelf wel', en loop dan weg.
Maar ik zit zelf ook tot over mijn oren in het werk.

Ik verdrink in het werk en ik verlies de grote lijn uit het oog. Ik voel me steeds heel machteloos. Een enkele keer ga ik naar een andere medewerker toe en vraag die het werk te doen, maar meestal los ik het zelf op.

Wat wil ik anders doen?

Ik denk soms dat het met die drukte wel meevalt. Maar dat durf ik niet te zeggen. Misschien hebben ze wel goede redenen om het werk niet te doen. Ik wil daarover goed kunnen praten en me niet weggestuurd voelen. Ik wil me niet machteloos voelen. Als we het samen eens zijn dat het niet kan, is dat prima ... ja, dat is het. Ik wil dat we de beslissingen samen nemen. Hoe die beslissing uitvalt, hangt van de situatie af.

Heb ik een voorbeeld van het gewenste gedrag?

Nee, eigenlijk niet. Ik laat me altijd wegsturen.

Judith: mijn beurt gaat voorbij in het overleg

Wat is mijn globale situatie?

Ik ben afdelingshoofd en geef leiding aan zo'n vijftig medewerkers. Dat zijn voornamelijk professionals, wetenschappelijk opgeleid en in hun vak werkzaam. Ik ben zelf ook professional en kan inhoudelijk dus meepraten binnen elke specialisatie. Van tijd tot tijd vervang ik mijn baas en neem dan namens hem deel aan het overleg van het managementteam (MT). Ik ben ontevreden over mijn optreden in het MT en ik heb de indruk dat de andere teamleden en de directeur me een sufferd vinden.

Wat is de huidige situatie waarin ik verandering wil brengen?

Ik doe bijna mijn mond niet open. En als ik iets zeg, dan is het slecht getimed en hoort bijna niemand het. Ik schaam me dood. Dat overkomt me iedere keer als ik weer deelneem aan het MT. Ik voel me op zo'n moment erg ongemakkelijk. In het stafoverleg dat ik met mijn baas en collega's heb, heb ik er ook wel last van, maar komt het veel minder vaak voor.

Ik geef een voorbeeld.
De laatste meeting met het MT. Er staan dan natuurlijk zaken op de agenda die de andere hoofdafdelingen betreffen. Ik weet daar niet zoveel van. Ik heb geen oplossing voor de aangevoerde punten, dus houd ik maar mijn mond. Ondertussen denk ik: ze zullen me wel stom vinden, dat ik geen mond opendoe. Ik voel me ongemakkelijk en ben meer met mezelf bezig dan met de zaak waar het over gaat.

Wat zijn de effecten op mezelf?
Ik schaam me. Ik ben heel ontevreden over mezelf en zie er als een berg tegenop om naar het overleg van het MT te gaan.

Wat wil ik anders doen?
Ik wil gewoon mee kunnen praten, net als ieder ander. Ik wil wel een zinvolle bijdrage leveren. Mensen die maar wat zeggen, vind ik vreselijk.

Heb ik een voorbeeld van het gewenste gedrag?
Ik heb overleg met mijn medewerkers. Het gaat over de aanpak van een bepaald probleem. Ik heb een oplossing bedacht en ik geef die oplossing en zeg: 'Schiet er maar op. Schiet er maar gaten in.' Dat doen ze. Ze komen met andere argumenten en als ze goed zijn, neem ik die over. Zo komen we tot een besluit. Iedereen is tevreden. Ik ben zeker van mijn zaak. Ik heb een oplossing. Als er een betere komt, prima, ook goed. Ik heb mijn aandeel geleverd en dat is voor iedereen duidelijk.

> **OEFENING**
> Het verhaal van Rudy en Judith krijgt structuur door de vragen die gesteld worden en de antwoorden daarop. Het is handig om te kunnen spelen met die structuur. Hieronder staat het verhaal van Harry en zijn ongemak. Plaats in het verhaal van Harry de volgende vragen:
> • *Wat is mijn globale situatie?*
> • *Wat is de huidige situatie waarin ik verandering wil brengen?*
> • *Wat is daarvan een voorbeeld?*

- *Wat zijn de effecten op mezelf?*
- *Wat wil ik anders doen?*
- *Heb ik een voorbeeld van het gewenste gedrag?*

De antwoorden op de vragen staan aan het eind van dit hoofdstuk.

Harry: bij kritiek klap ik dicht

Ik ben clusterleider van een groep automatiseerders. Mijn medewerkers verrichten hun werk vooral in projecten. Enkele medewerkers hebben indertijd gesolliciteerd naar de functie van clusterleider, maar zij zijn het toen niet geworden. Ik ben toen benoemd als clusterleider. Sinds het begin van mijn aanstelling zijn die medewerkers kritisch geweest over mijn manier van leiding geven. Ik kan niet veel goed doen bij hen. Een kritische opmerking van een medewerker over mijn leiderschap onderga ik al snel als een persoonlijke aanval. Ze willen dat ik op de hoogte ben van de details van hun projecten en dat ze mij op dat niveau kunnen raadplegen, maar ik wil juist op de grote lijnen sturen. De inhoud is voor de projectleiders. Zij hebben veel ervaring. Ik weet genoeg van de materie van elk project om snel op details in te kunnen gaan, als het nodig is. Zij vinden dat ik me gedetailleerd met elk project moet bemoeien. Als ik dat niet doe, vallen ze me aan op mijn leiderschap en dan klap ik dicht.

Vorige week had ik een gesprek met twee projectleiders. Zij zeiden dat ik hen maar liet zwemmen. Ik raakte door hun opmerkingen in paniek en kon niet goed meer nadenken. Ik voelde me aangevallen en bedacht me dat ze misschien wel gelijk hadden. Ik besloot in te stemmen met hun standpunt en maakte verdere afspraken; toen zakte de paniek.

Enige tijd later toen ik alleen in mijn kamer was, bedacht ik me dat ik hun geen gelijk had moeten geven. Ik wil vasthouden aan mijn eigen opvatting dat ik juist op de grote lijn wil sturen. Toen ik tot die conclusie kwam, raakte ik in paniek, werd ik gespannen en voelde me een mislukkeling. Ik was erg ontevreden met mezelf dat ik heb toegegeven aan iets waar ik het echt niet mee eens ben. Ik wil gewoon kunnen zeggen dat we het niet eens kunnen worden en dat dat jammer is, maar dat ze het moeten doen met mijn manier van leidinggeven. Helaas weet ik niet goed hoe ik met kritiek moet omgaan. Ik klap dan altijd dicht, dit overkomt me zolang ik me kan herinneren, al vanaf de basisschool.

Dit zijn drie voorbeelden uit de werkelijkheid. Harry, Judith en Rudy hebben ieder zo hun ongemak. Dat is altijd persoonlijk ongemak. Waar de een reuze tegenop kan zien, is voor de ander een fluitje van een cent. De eerste stappen op het gebied van het coachen van jezelf bestaan altijd uit het beschrijven van de situaties: eerst de globale situatie en het gebied waarop het ongemak zich manifesteert. Dan volgen de huidige en de gewenste situatie.

De achtergrond

In de beschreven cases komen twee soorten situaties voor: de huidige situatie en de gewenste situatie. In de huidige situatie beschrijf je alles wat van belang is voor je gedrag en je beleving. In de gewenste situatie beschrijf je alle relevante aspecten die je anders wilt zien. De kernvraag daarbij is: wat wil *ik* anders doen?

WELKE WERKING HEEFT EEN SITUATIE?
Gedrag speelt zich altijd af in een situatie. Meestal spelen mensen daarin een rol. Het zijn concrete feiten die jou tot actie oproepen. Het is van belang deze concrete feiten te beschrijven en de kern ervan te pakken. De kritiek van medewerkers is voor Harry aanleiding dicht te klappen en in paniek te raken. De omgeving van het MT is voor Judith de aanleiding om haar mond te houden en haar beurt voorbij te laten gaan. En de botte weigering van medewerkers werk aan te nemen, is voor Rudy een reden om weg te lopen en het zelf te doen.

DE VALKUIL: TRAP ER NIET IN
Vaak leggen mensen de oorzaak voor het eigen gedrag in de situationele kenmerken. Bijvoorbeeld: de medewerkers zijn niet gemotiveerd, de

teamleden zijn jaloers et cetera. De ondertoon is dan: als de situatie anders was, dan zou ik ook anders kunnen zijn. Dat klopt, maar je schiet niets met deze redenering op. Het tegendeel is waar, deze situatie verlamt je. Want je maakt je afhankelijk van de situatie. Je vergeet dat jouw reactie een keuze is, waarop je direct invloed kunt uitoefenen. Jouw reactie is niet afhankelijk van anderen, daarom is de oplossing voor dit probleem dat je jouw gedrag gaat veranderen.

WAT KUN JE ERMEE IN COACHING?

Als je wilt veranderen, vertrek je meestal vanuit een deel van je huidige gedrag waar je minder gelukkig mee bent. Bij het coachen van jezelf, begin je met inzicht te krijgen in de combinatie van de situatie, de kern waarop je reageert en je eigen gedrag. Als deze combinatie vaker voorkomt, spreek je van een patroon. Vervolgens ga je proberen minder afhankelijk van dit patroon te worden. Doel is nooit om bestaand gedrag af te leren. Doel is om alternatief gedrag te ontwikkelen. Hierdoor ontstaan andere patronen van actie en reactie en krijg je toegang tot veel meer mogelijkheden van jezelf.

Om dit te bereiken, maak je een start met het formuleren van nieuw gedrag.

WAT WIL JE ANDERS GAAN DOEN?

Het lijkt logisch dat iedereen weet wat zijn gewenste gedrag is in een gegeven situatie. Dat is helaas niet zo. Veel mensen weten beter wat ze niet kunnen, dan wat ze wel willen. De tweede stap is daarom dat je je focust op je gewenste gedrag: *wat doe ik in de toekomst anders in dezelfde situatie?*

Criteria voor het nieuwe gedrag zijn:
• Het is positief geformuleerd.
• Het ligt binnen het bereik van jezelf.
• Het geeft je energie.

Positief geformuleerd betekent dat je zegt wat je wél wilt, in plaats van wat je niet wilt. Rudy wil samen beslissen wat er met het werk gaat gebeuren. Judith wil gewoon meepraten en een zinvolle bijdrage leveren en Harry wil kunnen zeggen dat ze het moeten doen met zijn manier van leiding geven. Alle drie zijn positief geformuleerd en liggen binnen het bereik van henzelf. Dat wil zeggen, ze hebben er geen ander voor nodig.

Het energieniveau is een belangrijke indicator, houd die in de gaten. Het idee van je nieuwe gedrag moet zoveel energie genereren, dat de verandering ook actief ingezet en afgemaakt gaat worden: je hebt gewoon zin om ermee aan de slag te gaan. Zoek daarom door totdat je gedrag hebt gevonden dat aan alle drie de bovenstaande punten voldoet.

Vul nu het volgende schema in en begin met het coachen van jezelf.

Stap 1: situaties en gedrag

Wat is mijn globale situatie?

_____

_____

Wat is de huidige situatie waarin ik verandering wil brengen?

_____

_____

Ik geef een voorbeeld.

_____

_____

Wat zijn de effecten op mezelf?

_____

_____

Wat wil ik anders doen?

_____

_____

Heb ik een voorbeeld van het gewenste gedrag?

_____

_____

_____

Controleer:
Is het positief geformuleerd?

_____

_____

Is het in eigen beheer uit te voeren?

_____

_____

Geeft het je energie?

_____

_____

Antwoorden

Wat is mijn globale situatie?
Ik ben clusterleider van een groep automatiseerders ... et cetera.

Wat is de huidige situatie waarin ik verandering wil brengen?
Ik wil op grote lijnen sturen ... et cetera.

Ik geef een voorbeeld.
Van de week had ik een gesprek met twee projectleiders ... et cetera.

Wat zijn de effecten op mijzelf?
Ik raak in paniek ... et cetera.

Wat wil ik anders doen?
Ik wil gewoon kunnen zeggen ... et cetera.

Heb ik een voorbeeld van het gewenste gedrag?
Nee. Ik kan me niet anders herinneren ... et cetera.

2   COMPETENTIES

Welke competenties heb je? Hoe zet je ze in voor jezelf?

Henk: ik twijfel aan mijn kwaliteiten en zet weinig sturing op mijn leven

Wat is mijn globale situatie?
Ik ben nu al een paar jaar hoofd van mijn afdeling en eigenlijk wil ik meer en verder. Maar ik merk dat ik blijf hangen in waar ik nu zit, omdat ik geen duidelijk beeld heb van wat ik nog meer kan en wil. In mijn vakgebied heb ik mijzelf in de praktijk tot een professional ontwikkeld. Ik zit in een omgeving waar iedereen weinig feedback krijgt.

Wat is de huidige situatie waarin ik verandering wil brengen?
Ik wil goed in kaart brengen welke ervaring ik heb. Eigenlijk zijn mijn loopbaanstappen vanzelf gegaan. Ik werd iedere keer gevraagd en zodoende hoefde ik dus niet zo precies te weten wat mijn talenten waren. Nu wil ik graag zelf bepalen wat de volgende stap in mijn loopbaan is.

Ik geef een voorbeeld.
Mijn eerste baan kreeg ik door de stage die ik bij dat bedrijf deed. Tijdens die stage heb ik een werving- en selectie-instrument ontwikkeld en daar waren ze zo tevreden over, dat ze mij een baan aanboden. Dat bedrijf werkt nu nog steeds met dat instrument. Voor mijn volgende functie werd ik door een klant gevraagd. En voor de functie die ik nu heb, hoofd van de afdeling, werd ik gevraagd door mijn leidinggevende. Hij stapte naar een ander bedrijf over en ik ben toen met hem meegegaan. Ik vond

het allemaal best leuk en heb niet echt gevraagd op grond waarvan zij mij uitkozen.

Wat zijn de effecten op mijzelf?
Ik vraag me dus echt af waar ik goed in ben. Ik merk wel dat ik zaken praktisch aanpak. Ik betrek mijn team, collega's en opdrachtgevers in de ontwikkeling van onze producten. Mijn afdeling is nu op orde. We hebben een jaarprogramma en kunnen de vraag goed aan. Om mij heen, bij andere afdelingen, is dat wel anders. Als we als MT bij elkaar zijn, heb ik altijd ideeën en oplossingen. Volgens mij klopt dit wel, maar ik weet niet zeker of dit nou de punten zijn waarop ik gekozen word. Ik vind dit steeds vervelender worden en ik ben ontevreden dat ik zo weinig sturing zet op mijn leven en loopbaan.

Wat wil ik anders gaan doen?
Ik wil weten wat voor mijn functie belangrijke competenties zijn en hoe ik daaraan voldoe. Ik wil dat gaan vragen en ook mezelf scoren. Ik wil een plan maken: wat moet ik verder aan competenties ontwikkelen?

Heb ik een voorbeeld van het gewenste gedrag?
Nee. Ik maak deze keus voor het eerst.

Laten we kijken naar enige theoretische achtergrond bij het begrip competenties.

De achtergrond

Doelgerichtheid is een competentie. Luisteren, onderhandelen, plannen, organiseren, samenwerken, communiceren, leervermogen en leiding geven zijn ook competenties. Soms neigt de inhoud dus naar een attitude, een andere keer is het vaardigheidskarakter sterker en een derde keer is kennis het belangrijkste kenmerk. Competenties liggen op het vlak van wat je kent en kunt. Competenties vormen een combinatie van vaardigheden, kennis, persoonlijkheidskenmerken en gedragingen.

WELKE WERKING HEBBEN COMPETENTIES?

Competenties worden in concreet gedrag vertaald, al naar gelang de situatie dat vraagt. Waaruit blijkt dat je doelgericht bent? Dit blijkt uit je acties, uit je handelen, uit je gedrag. Daarmee vormen competenties als het ware de voorraad aan mogelijkheden waaruit je een greep doet: je vertaalt een competentie in concreet gedrag in een actuele situatie.

Een voorbeeld. In een vergadering brengt Marco een voorstel in. De oplossing die hij voorstelt, lokt nogal wat kritische vragen uit. Hij valt Marianne bij herhaling in de rede als zij bezwaren uit. Hij zegt op een gegeven moment: 'Je weet heel goed dat dit een spoedeisende zaak is. Alle dingen die jij zegt, werken alleen maar vertragend. Dat doe je vaker. Stop daar eens een keer mee.' Dit is de situatie en de vraag is hoe Marianne gaat reageren. Wat pakt ze uit haar voorraad aan competenties? Bij 'communicatie' bijvoorbeeld, vraagt ze rustig wat maakt dat Marco zo uitvalt. Besluit ze de competentie 'weerbaarheid' van de plank te halen, dan zet ze wellicht de tegenaanval in. 'Nou moet jij eens goed luisteren. Dat jij niet tegen kritiek kunt, is jouw zwakheid. Het is gewoon een waardeloos voorstel.'

Je kunt competenties voor jezelf inzetten als hulpbronnen, waaruit je kunt putten om zo effectief en plezierig mogelijk in allerlei situaties te reageren. Wat je niet kunt, is competenties inzetten die je niet hebt of die maar rudimentair ontwikkeld zijn. Wie geen geoefend atleet is, zal nooit de honderd meter horden lopen in een recordtijd. Wie niet geleerd heeft auto te rijden, zal grote moeite hebben om de eerste keer gladjes weg te rijden. Competenties moeten dus ontwikkeld worden. Dat heet leren. Soms heb je voor een competentie erg weinig aanleg. Jammer, dan heb je pech gehad. Verspil geen energie. Richt je op mogelijkheden waarin je wel kansen hebt.

WAT KUN JE ERMEE IN COACHING?

In coaching is een van de belangrijkste vragen die je jezelf stelt: *Wat wil ik anders gaan doen?*
Die vraag geeft aan dat je je gedragsrepertoire wilt uitbreiden. In het

vorige voorbeeld kan het zijn dat Marianne helemaal geen tegenaanval kan inzetten, omdat ze nooit geleerd heeft eens flink ruzie te maken. Het loont dus de moeite om eerst maar eens te kijken of de competentie voldoende ontwikkeld is, voor je naar andere invloeden op je gedrag gaat kijken.

Dit kun je ermee:

* *Vaststellen welke competenties je in huis hebt* en hoe je daarop scoort volgens jezelf en je omgeving.
* *Kiezen welke competenties je wilt ontwikkelen* en hoe die bijdragen aan meer succes en meer geluk.
* *Bepalen of het om kennis of kunde gaat.* Op welke wijze kun je die kennis of die kunde vergaren? Gaat het erom een opleiding te doen of wil je nieuwe opdrachten hebben, zodat je ervaring kunt opdoen in nieuwe en andere competenties?
* *Benoemen waarmee je het leuk en spannend maakt* om je competenties te ontwikkelen. Hoe maak je er tijd voor vrij? Hoe houd je je energie vast tijdens het ontwikkelen?
* *Herinneren waar en waarin de competentie je al heeft gesteund.* Je kunt teruggaan in je herinneringen. Waarom heb je voor die opleiding gekozen? Wat maakt dat je een sport beoefent? Wat maakt dat je onder moeilijke omstandigheden toch je werk afmaakt? Wat maakt dat je langdurig een vriendschap of relatie kunt onderhouden?
* *Kijken naar de match* tussen jouw competenties en de eisen van de organisatie. Als die match er is, is elke investering in die competentie renderend. Als die match er niet is, moet je op zoek naar een situatie waarin die match er wel is.

HET GAAT DUS OM DE KANSEN DIE JE HEBT

Gebruik de kans om zelf je competenties te kiezen en te ontwikkelen. Als je weet dat je de juiste bagage in je rugzak hebt, beweeg je je makkelijker door situaties in leven en werk. De volgende vragen helpen je bij het maken van die keuze. Aan het eind van dit hoofdstuk tref je een lijst met competenties aan. Die lijst biedt een ruime keus uit mogelijkheden.

Stap 2: mijn competenties

Wat is mijn globale situatie?

Wat is de huidige situatie waarin ik verandering wil brengen?

Ik geef een voorbeeld.

Wat zijn de effecten op mezelf?

Wat wil ik anders gaan doen?

Heb ik een voorbeeld van het gewenste gedrag?

Hoe kan ik mijn competenties inzetten voor het nieuwe gedrag?
* *Vaststellen welke competenties ik in huis heb en kiezen welke ik in wil zetten.*
Deze heb ik:

Deze bestaande wil ik ontwikkelen:

Deze nieuwe wil ik ontwikkelen:

* Bepalen of het om kennis of kunde gaat.

* Benoemen waarmee ik het leuk en spannend maak om deze competenties te ontwikkelen.

* Herinneren waar en waarin deze competenties me al hebben gesteund (apart invullen voor elke competentie).

* Kijken welke match er is tussen mijn competenties en de competenties die de organisatie vraagt.

* Welke mogelijkheden kies ik om de match vollediger te maken?

* Wat levert dit mij op/wat zal de winst zijn?

Controleer:
Ondersteunt mijn keuze voor deze competentie(s) mijn nieuwe gedrag?

Wat gebeurt er met mijn energie?

WAT IS DE WINST GEWEEST VAN DE KEUS DIE HENK MAAKTE?

Henk is een masteropleiding gaan doen. Hij heeft gebruikgemaakt van zijn netwerk en stappen naar buiten gezet. Binnen een jaar had hij een nieuwe baan die aansloot bij zijn wensen en competenties.

De Corporate Change-competenties:
wat je kent en kunt

reactieve competenties (ad hoc)	actieve competenties (gestuurd, planmatig)	proactieve competenties (geïntegreerd)	topprestatie-competenties (de kunst verstaan)
• probleemanalyse	• initiatief	• ondernemerschap	• inspirerend/
• met bedreigingen	• aanpassingsvermogen	• marktgerichtheid	bezielend managen
en onzekerheden	• flexibiliteit	• adviseurschap	• leren van mensen
kunnen omgaan	• sturend managen	• procesmatig werken	die een voorbeeld
• jezelf kunnen	• organiseren	• gebruiken van	zijn
beschermen	• outputgericht	meetinstrumenten	• nieuwe structuren
• grenzen kunnen	werken	• omgevingsbewustzijn	inrichten
stellen	• oplossingsgericht zijn	• ambitie	• internationale
• eigen doelen	• omgang met details	• onafhankelijkheid	oriëntatie
kunnen stellen	• afspraken nakomen	• richtinggevend	• netwerken
• om kunnen gaan	• vasthoudendheid	managen	• zelfontwikkeling
met ad-hoczaken	• kengetallen kunnen	• resultaatgerichtheid	• professional zijn/
	opbouwen	• kwaliteitsgerichtheid	topprestaties
	• lerende oriëntatie	• energiebewustzijn	kunnen leveren
	• samenwerken	• conceptueel denken	• verbindend
	• luisteren	• creativiteit	leiderschap
	• besluitvaardigheid	• visie ontwikkelen	
	• leiding geven	• visie uitdragen	
	• planmatig werken	• met de feedforward-	
	• delegeren	cyclus kunnen	
	• communiceren	werken	
	• overtuigingskracht	• organisatiebewustzijn	
	• loyaliteit	• klantgerichtheid	
	• betrouwbaarheid	• coachend leiderschap	
	• waardering kunnen	• normen en waarden	
	geven en ontvangen	als leidraad	
	• teamspeler zijn	gebruiken	
	• met de feedback-		
	cyclus kunnen		
	werken		
	• vermogen tot		
	reflecteren		

© ACC

3 OVERTUIGINGEN

Overtuigingen sturen je gedrag sterk aan. Je krijgt vijf keuzen om die kracht voor je te laten werken.

Joost: het evenwicht tussen werk en privé is zoek

Wat is mijn globale situatie?
Ik ben sinds anderhalf jaar afdelingshoofd. Toen ik begon, was de afdeling een rommeltje, de mensen waren weinig bereid om aan de wensen van de klanten tegemoet te komen en er werd veel gemopperd over de leiding, die volgens de medewerkers geen leiding gaf. Ik heb prioriteit gegeven aan de opbouw van de afdeling. Dat is prima gegaan. Van alle kanten krijg ik lof toegezwaaid. Wel maakte mijn directeur na een jaar de opmerking dat ik me ook meer moet profileren in het team van directeur en afdelingshoofden, door meer inbreng te hebben op algemene beleidszaken. De veranderingen en ontwikkelingen volgen elkaar snel op, daardoor moet ik heel veel stukken lezen en over de inhoud een oordeel geven. Tevens word ik veel meer dan voorheen gevraagd in stuurgroepen van belangrijke projecten zitting te nemen.

Wat is de huidige situatie waarin ik verandering wil brengen?
Voor de zomervakantie was het heel normaal dat ik vier avonden per week thuiswerkte, en dat vind ik echt veel te veel. Tijdens mijn vakantie heb ik hierover nagedacht en beseft dat zo doorgaan een burn-out zou betekenen. Ik bedacht me dat ik de andere avonden van de week geen energie meer over had voor mijn hobby's. Ik speelde in een orkestje, maar daar heb ik geen energie meer voor. Ik trainde voor een marathon;

dat is ook afgelopen. Geen zin meer in. Twee avonden per week thuis-
werken hoort bij deze functie, maar ongemerkt worden dat er eerst drie
en daarna vier. Als ik niet oppas, zou ik alle avonden aan het werk kunnen
zijn.

Ik geef een voorbeeld.
Na de vakantie heb ik tijd gereserveerd om ook overdag aan mijn eigen
werk toe te komen. Ik heb in mijn agenda blokken opgenomen met 'gereserveerd'. Er worden dan geen afspraken voor me gemaakt, maar toch
lukt het me niet om die tijd voor mezelf te houden. Gisteren had ik twee
uren gereserveerd, maar uiteindelijk hield ik daar maar twintig minuten
van over. Er waren verschillende medewerkers die vragen hadden over
hun projecten en die heb ik weer kunnen helpen. Met als gevolg dat ik
weer een tas met leesstukken mee naar huis nam en 's avonds bezig was.

Wat zijn de effecten op mezelf?
Aan de ene kant ben ik tevreden dat ik mijn mensen geholpen heb. Aan
de andere kant dacht ik 'daar gaan we weer' en ik werd al doodmoe bij
die gedachte. Zo erg, dat ik me realiseerde: nu moet ik er echt iets aan
gaan doen.

Wat wil ik anders gaan doen?
Ik wil die blokken gereserveerde tijd voor mezelf houden. Ik wil dat mijn
mensen dat respecteren en niet steeds bij me binnen komen lopen.
Ik voer de check uit:
• Heb ik positief geformuleerd? Grotendeels.
• Ligt het in mijn eigen bereik? Nee. Ik ben afhankelijk van mijn
  medewerkers en hun respect voor mijn wensen.
• Maakt het energiek? Nee, want ik zie de bui al hangen: ze komen toch
  steeds dingen aan me vragen.

Nieuwe poging.
Ik wil die blokken gereserveerde tijd voor mezelf houden. Ik wil de
deur dicht kunnen doen en zeggen dat het nu niet de tijd is en dan een
moment noemen waarop ze wel kunnen komen.

Check:
* Is het positief geformuleerd? Ja.
* Is het in eigen beheer uit te voeren? Ja.
* Geeft het energie? Ja, gedeeltelijk. Wel als ik me voorstel dat ik het doe, maar ik vind dat heel moeilijk.

Heb ik een voorbeeld van het gewenste gedrag?
Ja. Als ik in stafoverleg ga, of met een klant een bespreking heb. Als ze me dan aanschieten, zeg ik dat ik nu geen tijd heb, maar dat ze in de loop van de dag terug kunnen komen.

Wat maakt je zo doodmoe?
De herhaling. Het uitzichtloze. Ik heb altijd mijn deur openstaan en ze weten dat ze bij me terechtkunnen. Dat is een van de belangrijkste redenen dat het zo goed gaat op de afdeling. Ik wil daar geen verandering in brengen. Een goede manager, en ik probeer er een te zijn, behoort klaar te staan voor zijn mensen. Maar dat betekent wel dat er niets verandert.

EEN GOEDE MANAGER BEHOORT KLAAR TE STAAN VOOR ZIJN MENSEN
Hier hebben we de boosdoener. Deze overtuiging van Joost houdt zijn gedrag in stand. Hij vindt het belangrijk een goede manager te zijn en vindt dat goede managers klaarstaan voor hun mensen. En dus staat zijn deur de hele dag open voor iedereen, behalve als hij een afspraak heeft. Geen speld tussen te krijgen ... of toch wel? Er is misschien wel een klein probleem, want Joost geeft geen grenzen aan in de tijd of andere grenzen. In feite zegt hij tegen zichzelf: ik behoor *altijd* klaar te staan, voor *ieder* van mijn medewerkers, *ongeacht welke vraag ze hebben.*

Als we de zaken eens op een rijtje zetten, dan krijgen we het volgende: de tijd van Joost overdag is gevuld met verplichtingen met derden, zoals collega's en klanten, en voor de rest met klaarstaan voor zijn medewerkers. En daar brengt hij geen limieten in aan. Het leeswerk verschuift daardoor meestal naar de avonden, maar ook in het leeswerk brengt hij waarschijnlijk geen limieten aan. Alles wat belangrijk is, moet hij lezen.

Is dat erg? Niks is op zichzelf erg. De vraag is wat de consequenties zijn, en of Joost die wil aanvaarden.

De achtergrond

Ik behoor mijn mensen te motiveren. Ik moet redelijk zijn. Een leider is verantwoordelijk. Als ik eerlijk ben, komt er ruzie. Als er een beroep op me gedaan wordt, behoor ik ja te zeggen. Het is logisch dat ik eerst vraag naar wat ik niet begrijp. Ik moet op argumenten ingaan. Ik behoor klaar te staan voor mijn medewerkers. 'Ik behoor ...', 'ik moet ...', 'het is logisch dat ...' zijn in de taal altijd aanwijzingen dat je met een norm of overtuiging te maken hebt.

WELKE WERKING HEBBEN OVERTUIGINGEN EN NORMEN?

Normen en overtuigingen zijn gedragsvoorschriften. Ze sturen dus rechtstreeks het gedrag aan. Een kenmerk is dat allerlei nuances weggelaten zijn. Hierdoor krijgen ze een absoluut karakter. Neem bijvoorbeeld de overtuiging van Joost: ik behoor klaar te staan voor mijn medewerkers. Weggelaten is op welke momenten hij klaar hoort te staan en voor welke medewerkers en voor welke zaken. Hierdoor staat er eigenlijk: ik behoor op *elk moment* klaar te staan voor *al mijn medewerkers* voor *alles* wat ze maar willen inbrengen. Een op zichzelf respectabele overtuiging krijgt zo een ongewenste werking in de praktijk. De hele dag staat de deur open en kunnen mensen binnenvallen. Met als gevolg dat Joost veel te weinig tijd heeft voor andere zaken, zoals het doornemen van stukken, en zich daar zeer ongemakkelijk bij gaat voelen.

WAT KUN JE ERMEE IN COACHING?

Er zijn vijf mogelijkheden voor het wijzigen (modificatie) van een overtuiging:

- *Een tegenvoorbeeld vragen* om het absolute karakter uit te dagen: heb ik wel eens meegemaakt dat ik eerlijk was en er geen ruzie kwam? En dan blijkt dat die ervaring soms wel degelijk voorhanden is. Wat betekent dat voor mijn overtuiging?

- *Aanvullen wat is weggelaten*: moet ik *altijd* redelijk antwoorden? Nee? Wanneer wel en wanneer niet?
- *Bewustwording van de werking*: wat is het gevolg als ik altijd 'ja' zeg tegen een uitnodiging? Ik geef het stuur uit handen. Een ander beschikt over mijn tijd. Wil ik dat?
- *Wijzigen door terugredeneren*: wat moet er veranderen aan mijn over- tuigingen om af en toe 'nee' te kunnen zeggen tegen een medewerker?
- *Vragen stellen bij de juistheid* van de overtuiging of norm: ik behoor mijn medewerkers te motiveren. Kan ik verantwoordelijk zijn voor de motivatie van een medewerker, of is die medewerker daar zelf verant- woordelijk voor? Waar kan ik wel verantwoordelijkheid voor nemen? Voor mijn eigen gedrag. Niet voor de effecten daarvan op een ander.

De kern van het werken met overtuigingen is om deze in overeenstem- ming te brengen met het nieuwe gewenste gedrag. Hoe sterker deze samenhang, hoe groter de kans dat het gewenste gedrag op het juiste moment beschikbaar is.

Het spreekt vanzelf dat je, met de volgende stap die je gaat zetten, je eigen normen en overtuigingen in kaart gaat brengen, maar eerst krijg je nog een aantal voorbeelden om je verder op weg te helpen.

RUDY

We keren terug naar Rudy (zie blz. 11). Ze laat zich wegsturen als een medewerker een opdracht weigert. Het effect is een machteloos gevoel. Rudy stelt zich de vraag: 'Wat maakt dat ik me zo machteloos voel?' Haar antwoord is: 'Het is mijn taak mijn medewerkers te motiveren hun werk te doen. Een leider is daar verantwoordelijk voor. En het lukt me niet om dat voor elkaar te krijgen.' Dat is twee keer dezelfde norm, in een iets ander jasje: 'Ik behoor hen te motiveren' en 'Ik ben verantwoor- delijk voor hun motivatie'.

Rudy kiest twee mogelijkheden om de overtuiging uit te dagen en te veranderen (modificeren).

1 *Bewustwording*: wat betekent deze norm als een ander niet gemoti-

veerd wil zijn?' Haar antwoord is: 'Ik sloof me uit en ik voel me volstrekt machteloos. Ik word volkomen afhankelijk van de ander.'

2 *Juistheid:* Ben ik verantwoordelijk voor de motivatie van mijn medewerker? Haar antwoord is: 'Nee, daar is hij zelf verantwoordelijk voor.' Waar ben ik wel verantwoordelijk voor? Haar antwoord is: 'Ik ben verantwoordelijk voor mijn deel. Dat wil zeggen: een goede taakopdracht en een goede check of de ander daar nog ruimte voor heeft.'

Rudy kiest een nieuwe overtuiging: 'Een medewerker is zelf verantwoordelijk voor zijn motivatie. Ik ben verantwoordelijk voor mijn eigen deel.' Ze checkt bij zichzelf of deze normen consistent zijn met het gewenste gedrag: 'Ik wil dat we de beslissingen samen nemen. Hoe een beslissing uitvalt, hangt van de situatie af.' Haar antwoord is: 'Ja.'

JUDITH

We gaan ook nog eens aan de slag met Judith, die in het MT haar beurt voorbij laat gaan (zie blz. 12). Ze formuleerde: 'Ik heb geen oplossing voor de aangevoerde punten, dus houd ik mijn mond.' Ondertussen denk ik: Ze zullen me wel stom vinden, dat ik geen mond opendoe. Ik voel me ongemakkelijk en ben meer met mezelf bezig dan met de zaak waarover het gaat. Het effect is dat ik me heel erg schaam, daarbij ben ik ontevreden over mezelf, en zie ik als een berg op tegen de volgende meeting.

Judith vraagt: 'Wat maakt dat ik me schaam?' Antwoord: 'Ik doe geen mond open.'

Wat maakt dat ik mijn mond niet opendoe? Antwoord: 'Ik heb geen oplossingen en die moet je wel hebben als je je mond opendoet. Je moet wel een zinvolle bijdrage kunnen leveren.'

Daar zijn de overtuigingen 'Ik behoor oplossingen te hebben' en 'Ik behoor een zinvolle bijdrage te leveren.' Op zichzelf lijken dat overtuigingen (normen) die prima zijn, maar de combinatie zorgt ervoor dat alleen 'oplossingen' als een zinvolle bijdrage aan de discussie wordt gezien. Aangezien Judith te weinig op de hoogte is van de stof die in het MT behandeld wordt, is het logische gevolg dat ze haar mond houdt. De overtuigingen zijn dus verantwoordelijk voor het gedrag waar Judith zich zo

voor schaamt. Tijd dus voor Judith om aan de slag te gaan om de overtuigingen te modificeren.

Er zijn eerder vijf mogelijkheden aangegeven. Judith kiest voor het tegenvoorbeeld.

Een tegenvoorbeeld: heb ik wel eens meegemaakt dat ik mijn mond heb
opengedaan in zaken waar ik niet zoveel verstand van heb? Antwoord:
'Nee, eigenlijk niet. Ik houd dan gewoon mijn mond.'

Een ander tegenvoorbeeld: heb ik wel eens meegemaakt dat anderen een
zinvolle bijdrage leverden over onderwerpen waar ze niet zo erg veel
vanaf wisten? Antwoord: 'Ja, in het overleg met mijn eigen afdeling zit
een nieuwe, jonge vent. Op de laatste teambijeenkomst zaten we met
een probleem, waar we geen oplossing voor konden vinden. Hij stelde
toen enkele vragen, waardoor we met andere ogen naar de vraagstelling
keken. Toen kwam er plotseling schot in. En hij kon die vragen stellen,
juist omdat hij er niet veel vanaf wist.' Welke overtuiging kan Judith nu
om zeep helpen? Dat ze een oplossing voor een probleem moet hebben,
voordat ze haar mond in het MT opendoet.

Wat is mijn nieuwe overtuiging? Het zijn twee nieuwe overtuigingen: 'Er zijn
verschillende manieren om een zinvolle bijdrage te leveren' en 'Vragen
stellen kan ook zeer verhelderend werken.'
Check. Zijn deze overtuigingen consistent met het gewenste gedrag: 'Ik
wil gewoon mee kunnen praten, net als ieder ander. Ik wil wel een zinvolle bijdrage leveren?' Antwoord: 'Ja.'

OEFENING
Test jezelf en haal de overtuigingen uit onderstaande voorbeelden.
De antwoorden vind je aan het eind van dit hoofdstuk.

Eric
Situatie. Ik werk op het archief van een grote verzekeringsmaat-
schappij. Het is verantwoordelijk werk en daar ben ik goed in. Evenals
in contacten met onze interne klanten. Mijn werk is erg belangrijk
voor me, want na werktijd heb ik weinig contact met andere mensen.

Ik vermijd informele situaties, zoals feestjes, naar het café gaan et cetera. Ik weet niet wat ik dan zeggen moet en je moet toch wel regelmatig je mond opendoen. Ik benijd al die mensen die zomaar een praatje kunnen maken. Ik kan dat niet. Als ik niet zeker weet dat het voor honderd procent juist is wat ik zeg, zeg ik maar liever niets. Maar dat is weer zo dom, dus dan blijf ik maar thuis. Het effect is dat ik me eenzaam voel en dat ik informele situaties vermijd. *Welke overtuigingen zijn verantwoordelijk voor de effecten?*

Petra

Situatie. Ik ben clustercoördinator. Er komen regelmatig aanvragen binnen voor ondersteuning in projecten. Die worden dan besproken en verdeeld in ons coördinatorenoverleg. Ik roep meestal heel snel: 'Dat wil ik wel doen.' Als er werk blijft liggen heb ik het meestal al opgepakt, voordat ik heb nagedacht. Ik vind dat ook wel logisch, want je moet voor jezelf opkomen. Dat leerde je wel in een gezin met drie broers, die je altijd uitdaagden. Mijn vader zei ook altijd: 'Zorg dat je voor jezelf opkomt, dan heb je altijd werk.' Wat ik merk, is dat het werk soms toch naar iemand anders gaat. Het lijkt wel of ze denken: daar heb je haar weer, juffrouw ik wil wel. Dat voelt heel vervelend. *Welke overtuiging is verantwoordelijk voor dit effect?*

Mahmet

Situatie. Ik geef leiding aan een team van twintig onderhoudsmonteurs. De leeftijden lopen uiteen van achttien tot 62 jaar. We werken op een raffinaderij. Er zijn ook klussen buiten, in de regen, in de kou, in het donker. Ik vind het moeilijk om die aan de oudere monteurs te geven, want dat getuigt niet van veel respect. Je hebt ook kans dat ze iets gaan zeggen van: 'Snotneus, wat maak je me nou klaar?' Ik geef deze opdrachten dus vaak aan de jongere monteurs, maar die beginnen te klagen en te zeuren. Op weg naar mijn werk zie ik er al tegenop, soms wil ik me het liefst omdraaien en weer naar huis gaan. Ik krijg steeds meer angst. *Welke overtuigingen spelen een belangrijke rol in dit gedrag en de effecten van angst en vermijding?*

Dit waren een drietal oefensituaties. Heb je de goede antwoorden gegeven? Tijd dan om zelf aan de slag te gaan. Ontdek de overtuigingen die nu nog je gedrag aansturen. Daag ze uit en maak ze passend voor je nieuwe, gewenste gedrag. Werk aan je toekomst. Werk aan nieuwe kracht en energie.

Stap 3: overtuigingen die mijn gedrag aansturen

Wat is mijn globale situatie?

_____

_____

Wat is de huidige situatie waarin ik verandering wil brengen?

_____

_____

Ik geef een voorbeeld.

_____

_____

Wat zijn de effecten op mezelf?

_____

_____

Wat wil ik anders gaan doen?

_____

_____

Heb ik een voorbeeld van het gewenste gedrag?

_____

_____

Controleer:
Is het positief geformuleerd?

_____

_____

Is het in eigen beheer uit te voeren?

_____

_____

Geeft het energie?

Wat maakt dat ik ... (vul het effect in)?

Wat maakt dat ik ... (antwoord op de vorige vraag) doe?

Mijn overtuiging(en) is (zijn) dus?

Welke van de vijf mogelijkheden kies ik om mijn overtuiging(en) uit te dagen en te veranderen:

* een tegenvoorbeeld geven
* aanvullen wat is weggelaten
* bewust worden van de werking
* terugredeneren
* toetsen van de juistheid

Wat is (zijn) mijn nieuwe overtuiging(en)?

Controleer:

Is (zijn) deze overtuiging(en) consistent met mijn gewenste gedrag?

Wat gebeurt er met mijn energie?

Antwoorden

Eric

Je moet voor honderd procent overtuigd zijn van de juistheid van wat je zegt.

Je moet regelmatig wat zeggen, wil je niet dom lijken.

Petra

Je moet voor jezelf opkomen.

Wie voor zichzelf opkomt, heeft altijd werk.

Het is belangrijk om werk te hebben.

Mahmet

Ouderen behoor je met respect te behandelen.

Een vervelende opdracht geven aan een oudere is niet respectvol.

4 BEELDEN

Je onderzoekt welke beelden invloed hebben op je gedrag. Je laat beelden een motor zijn voor je gewenste gedrag.

Marco: ik kom niet toe aan belangrijke zaken

Wat is mijn globale situatie?

Ik geef leiding aan een afdeling van veertig mensen. De meesten van hen zijn hoogopgeleide professionals. De cultuur is reactief: er zijn tien procent mopperaars, tien procent actieve enthousiaste mensen en tachtig procent houdt zich afzijdig, waarvan de helft de neiging heeft met de mopperaars mee te gaan. Er wordt veel in projecten gewerkt. Iedereen vindt het eigen werk leuk en neemt eerder te veel dan te weinig hooi op de vork. Het gevolg is dat er veel geklaagd wordt over de werkdruk, zonder dat men bereid is er werkelijk iets aan te doen. Ik ben zelf gemiddeld drie van de vijf werkdagen afwezig. Ik werk dan in (inter)nationale werkgroepen en projecten.

Wat is de huidige situatie waarin ik verandering wil brengen?

De twee dagen dat ik op kantoor ben, is er zoveel te regelen en te doen, dat ik aan de belangrijke zaken helemaal niet toekom. Hiermee bedoel ik het uitzetten van een visie of een strategie. Waar willen we zijn over een paar jaar? Het managen van de afdeling. Er gebeurt niets aan kwaliteitszorg, of veel te weinig. Ik ben alleen maar bezig met het oplossen van knelpunten. Het zijn echte baaldagen. Op weg naar huis denk ik vaak: waar ben ik vandaag aan toe gekomen? Ik heb al mijn tijd besteed aan operationele zaken.

Ik geef een voorbeeld.
De hele vorige week ben ik afwezig geweest. Maandag was ik er weer en dan vind ik het logisch dat de mensen de hele dag bij me binnen lopen met hun verhalen en vragen. Maar gisteren, dinsdag, ging dat ook nog zo door. Jan, een van mijn medewerkers, was al een kwartier binnen bij me en het ging eigenlijk over niets. Over iemand van een andere afdeling, die het in een project niet zo goed doet. Ik liet hem praten en dacht ondertussen: 'Wat wil je nou van me? Wat verwacht je van me? Ik kan hier niets mee.'
Hij vertelde dat het werk eronder leed en dat de projectleider hem er misschien wel op zou aankijken. Toen deed ik het voorstel dat ik eens met die projectleider zou gaan praten. Dat accepteerde hij meteen. Toen hij de deur uitging, dacht ik: 'Wat heb ik nou weer op me genomen?'

Ik heb nog een voorbeeld. In een tweedaagse conferentie is met het stafteam de aanzet voor een visie neergezet. Een werkgroepje heeft deze aanzet verder uitgewerkt. Als we hun product bespreken, constateren we met elkaar dat er geen verbinding ligt met de portfolio van de afdelings-producten. Hierdoor ontbreken ook duidelijke criteria om de voortgang aan af te meten. Na deze constatering valt een stilte. Ik dacht: 'Dit kan toch niet. Niemand voelt zich eigenaar. We hebben die criteria nodig. Wat moet ik eraan doen?' Toen heb ik gezegd dat ik wel een voorzet zou schrijven en dat we die in het volgende overleg zouden bespreken.
Ik had weer het werk op mijn schouders genomen, terwijl ik het al heel erg druk heb.

Wat zijn de effecten op mezelf?
Ik heb weer werk op me genomen. Daar baal ik van. Ik ben echt onte-vreden over mezelf. Jan had actie moeten nemen en het eindigt ermee dat ik het werk ga doen.

Wat wil ik anders doen?
Ik kan kijken naar de verdeling drie dagen weg en twee dagen op de afdeling. Is dat een juiste verdeling? Ik kan die twee dagen doorlopen om te zien of ik efficiënt bezig ben met de knelpunten en ik kan de vraag

beantwoorden of die knelpunten allemaal door mij opgelost moeten worden. Welk van de hiervoor genoemde punten zal ik als eerste aanpakken? Bij nader inzien besef ik dat ik het laatste punt wel het belangrijkste vind. Ik vraag me vaak af waarom ik het allemaal moet oplossen en hoe het komt dat de betreffende persoon het niet doet.

De werkgroep had zelf de lijnen moeten doortrekken, en in het eerste voorbeeld had mijn medewerker zelf met zijn projectleider moeten gaan praten. Ja, daar wil ik verandering in brengen. Ik heb al eens gekeken welke knelpunten echt de aandacht vragen van mij als afdelingshoofd, bijvoorbeeld omdat ik ze met een ander afdelingshoofd moet overleggen of met mijn baas. Ik heb besloten om alleen nog die zaken aan te pakken.

Wat maakt dat ik dat doe?
Ik vind dat de medewerker zelf actie moeten nemen, maar in de praktijk neem ik de taak van hem over. In allebei de gevallen doen ze iets niet. Ik vind het voor de hand liggend dat ze het wél doen en snap ook niet waarom ze het niet doen. Ik geef ook wel hints, maar daar reageren ze niet op. Er is dan een impasse. Ik weet niet wat ik eraan moet doen en dan denk ik: 'Nou, dan doe ik het zelf wel.'

Wat voor beeld kan ik van mijn leiding geven maken?
Ik stel me een koets voor. Een paard ervoor en ik zit op de bok met de leidsels in mijn hand. Ik kom bij een splitsing van de weg. Het is voor mij overduidelijk dat ik rechtsaf moet. Het paard stopt op de tweesprong en wacht af.

Wat vind ik dan dat de koetsier zou moeten doen?
Duidelijk aangeven dat de weg naar rechts ingeslagen moet worden. Misschien als aan de leidsels trekken niet helpt, van de bok afgaan en het paard bij het bit nemen en de hoek om leiden en dan weer op de bok klimmen. Het paard is mijn medewerker en ik ben de leidsman.

Wat doe ik dan tot nu toe?
Ik span mezelf voor de kar en trek de wagen de hoek om. Allemachtig wat stom.

Als ik de metafoor vertaal naar de werkelijkheid, hoe zou ik dan willen reageren in beide voorbeelden?
De koetsier moet zorgen dat het paard de hoek omgaat, dus ik moet zorgen dat de man naar zijn projectleider gaat en ik moet zorgen dat de werkgroep zijn werk doet. Ik kan hen wel bij het bit nemen, dus ondersteunen of op weg helpen.

Controleer: past dit laatste beeld bij mijn gewenste gedrag? Ja, dit voelt als een opluchting. Dit is natuurlijk de weg.

Een ander voorbeeld

Boudewijn is consultant bij een grote IT-organisatie. Hij is al jaren succesvol en hij krijgt veel opdrachten. Ondanks zijn succes merkt hij dat hij zijn werk niet meer leuk vindt en hij besluit om die klachten serieus te nemen. Hij wil zichzelf coachen en start met het traject. De klacht is dat hij het werk niet meer leuk vindt, dat er een basale onrust in zijn lijf zit en dat hij zich uitgeput voelt. De samengevatte klacht luidt: het gaat niet goed met me. Boudewijn spreekt veel in beelden. Hij beschrijft zichzelf als een eik. Vroeger was die groot en sterk, met sterke takken en een vol bladerdak. Nu is alles afgezaagd: alleen de stam van de eik is nog over.

Welke boodschap heeft die boom voor me?
Je hebt me verwaarloosd. Ik wil aandacht. Als je me geen aandacht geeft, loopt het slecht met je af.

Wat is de wens?
De eerste stap is rust nemen. De tweede is blijvende aandacht geven.

Dit is een voorbeeld van hoe een boodschap in een beeld verpakt kan zijn. Bij Boudewijn spelen ook waarden een grote rol bij het in stand houden van zijn ongewenste gedrag. Daarom beschrijven we de rest van deze casus in hoofdstuk 7, over waarden.

De achtergrond

Beelden kunnen herinneringen zijn aan beleefde situaties, die als foto's of flarden films voor ons geestesoog verschijnen. Soms verschijnen ze als metaforen, bijvoorbeeld: deze groep is als een reisgezelschap dat eeuwig praat over de route, maar nooit op pad gaat. Soms zijn het constructies waarin een gebeurtenis in de toekomst verbeeld wordt. Iemand gaat op sollicitatiegesprek en stelt zich het gesprek al voor. Beelden kunnen natuurlijk gevoelens oproepen. Een beeld waarin het sollicitatiegesprek succesvol gevoerd wordt, geeft meer zelfvertrouwen. Het omgekeerde geldt evenzeer. Een speciaal geval is het zelfbeeld. Boudewijn omschrijft zichzelf als een gemutileerde eik: alleen de stam is nog over.

Een zelfbeeld neemt van nature bijna altijd de vorm aan van een metafoor. 'Als leider ben ik als de koetsier op de bok van een koets.' Vragen: 'Ik kan dan de teugels gebruiken, de paarden bij het bit nemen, mezelf voor de koets spannen. Wat doe ik?'
Of: 'Ik ben de dirigent van een symfonie-orkest. Mijn taak is om alle instrumenten te mengen tot een mooie klank. Ik geef het tempo aan en de dynamiek. Ik bepaal de muziekkeuze.'

WELKE WERKING HEBBEN BEELDEN?

Beelden kunnen net als overtuigingen zelfstandig het gedrag beïnvloeden. Als Bas voor een presentatie uitgenodigd wordt, ziet hij als eerste reactie het beeld van die ene keer dat zijn voordracht volledig de mist in ging. Hij was zijn tekst kwijt, en in gedachten ziet hij nog de verbijstering op het gezicht van zijn toehoorders. De angst voor een herhaling van dit doemscenario treedt acuut op en het gevolg is dat Bas een smoes bedenkt en de uitnodiging afslaat.

Soms gaat de beïnvloeding indirect. Zelfbeelden kunnen fungeren als toetssteen en als gids: past dit gedrag bij me of niet? Welk gedrag kan ik ontwikkelen? Hanneke, een vrouwelijke directeur die een zeer krachtige stijl van leiding geven had, ondervond veel hinder van haar gedrag. Snelheid, ongeduld en afblaffen waren kernwoorden in de typering. Ze begreep niet dat ze altijd weerspannige medewerkers had. Verschillende pogingen om inzicht te krijgen in de patronen van haar eigen gedrag en reacties daarop, hadden weinig succes. Ze vond dat haar medewerkers 'er maar tegen moesten kunnen'. De oplossing vond ze in een beeld. Ze had jarenlang en met succes aan dressuursport gedaan. Toen ze op zoek was naar beelden over leiding geven, kwam ze op de relatie tussen een dressuurrijdster en haar paard. Wat zijn de kenmerken daarvan, vroeg ze zich af. 'Eenheid, luisteren, voelen, geduld', antwoordde ze. Meer was niet nodig. Ze zag de patronen. Ze begreep haar eigen aandeel erin en ze wist wat de alternatieven waren. Aan haar was de keus. Volharden in oud gedrag of veranderen? Naar welk zelfbeeld ging ze handelen? Welk zelfbeeld wilde ze leidend laten zijn?

WAT KUN JE ERMEE IN ZELFCOACHING?

- *De dialoog aangaan:* vraag aan het beeld wat het nodig heeft. Vraag wat de boodschap van het beeld is. Boudewijn beschrijft zichzelf als een gemutileerde eik. Hij vraagt wat de boodschap is die de eik heeft. De eik zegt: 'Als je me geen aandacht geeft, loopt het slecht met je af.'
- *Een interpretatie vragen aan jezelf:* wat betekent dit voor mij? Welke invloed oefent dit beeld uit? Wat leert dit beeld me? Marco beschrijft zichzelf als een koetsier van een koets. De koets moet de bocht om, de paarden staan stil en weigeren de bocht te nemen. Wat doe ik op zo'n moment, vraagt hij aan zichzelf. En hij antwoordt: 'Ik klim van de bok af, span mezelf in en trek de koets de bocht door.'
- *Het beeld zelf ter discussie stellen:* is dit het soort leider dat ik wil zijn? Hanneke vraagt zich af: 'Ben ik een dressuurrijdster die met harde hand en de zweep mijn paard denkt te kunnen dwingen?'
- *Het beeld veranderen en aanpassen bij het nieuwe, gewenste gedrag:* Bas kan het beeld van het fiasco vervangen door een beeld van een succesvolle situatie. Grote kans dat daarmee ook een ander gevoel gepaard gaat. Of hij kan er een film van maken, waarin hij een grapje maakt over zijn black-out, waarna iedereen begint te lachen en aan het eind applaus zijn deel is.
Marco maakt een film en ziet zichzelf het paard bij het bit nemen, de bocht omleiden en vervolgens weer op de bok klimmen.

Een belangrijke stap is dus je onderzoek naar beelden die een rol spelen in het aansturen en in stand houden van je gedrag. En minstens zo belangrijk is dan om die beelden zo te veranderen, dat ze werken in je voordeel in ongemakkelijke situaties. Het volgende schema is bedoeld om je te helpen bij het zetten van deze stap. Een opmerking vooraf: er zijn nogal wat mensen die zeggen geen beelden te hebben. Veelvuldig onderzoek wijst uit dat dat anders ligt. Het vrijwel ontbreken van beelden komt maar heel sporadisch voor. Wel is het zo dat er verschil is in de mate van invloed. Een deel van de mensen laat zich meer leiden door hun gevoelens dan door beelden. Maar het blijft de moeite waard om laatstgenoemde bron van energie te benutten.

Voordat je je eigen beelden gaat onderzoeken, bieden we je enkele oefensituaties aan. De antwoorden vind je aan het eind van dit hoofdstuk.

OEFENING

Abe
Situatie. Altijd als ik wegloop voor een moeilijke situatie zie ik hetzelfde beeld. Ik had een boterham met kaas in mijn bureaula gelegd, verstopt achter mijn boeken en schriften. Het was vlak voor een schoolvakantie en ik vergat die boterham. Toen ik na de vakantie terugkwam, zat er allemaal zwarte en groene schimmel op. Ik schrok me dood toen ik dat vieze ding ontdekte. Ik heb het meteen weer teruggeschoven en heb het daar weken laten liggen. De hele tijd was ik doodsbang dat het ontdekt zou worden. Ik zat bij de nonnen op school. Die waren heel streng. Ik was bang dat ik helemaal geïsoleerd zou zijn. Weglopen voor een moeilijke situatie in het heden is dus geassocieerd met een beeld uit het verleden: de schimmelige, vieze boterham. Van belang is om te weten dat er niets met dit beeld gebeurt: het is voldoende om Abe een rotgevoel te bezorgen en angst op te roepen.
Bedenk minstens twee mogelijkheden om met dit beeld aan de slag te gaan, zodat nieuwe wegen vrijgemaakt worden.

Evelien

Situatie. Een collega pikt steeds de baantjes in die je naam naar buiten bekendmaken. Ik vind dat vervelend. Zij heeft zojuist de opdracht gekregen om een presentatie over ons werk te verzorgen bij de hoofddirectie. Ik kan dat minstens zo goed. Ik wil wel voor mezelf opkomen, maar als je over je gevoelens praat, vinden ze je een zachte. Ik ben toch naar onze chef gestapt. Ik zei tegen hem: 'Leuke opdracht die Astrid gekregen heeft.' En daar heb ik het bij gelaten. Het gevolg is dat ik me nog vervelender voel. Alle fut en lucht is eruit. Ik lijk wel een leeggelopen ballonnetje.

In dit stukje staat een duidelijke overtuiging en een duidelijk beeld. Beide bieden aangrijpingspunten voor zelfcoaching.

Bedenk een manier waarop Evelien met het beeld aan de gang kan gaan.

Genoeg geoefend met andermans situaties en wil je graag met je eigen coaching verder? Dat kan. Ga met de volgende vragen aan het werk en zie wat je ontdekt.

Stap 4: beelden die mijn gedrag aansturen

Wat is mijn globale situatie?

_____

_____

_____

Wat is de huidige situatie waarin ik verandering wil brengen?

_____

_____

Ik geef een voorbeeld.

_____

_____

Wat zijn de effecten op mezelf?

_____

_____

Wat wil ik anders gaan doen?

_____

_____

Heb ik een voorbeeld van het gewenste gedrag?

_____

Wat voor beeld heb ik/kan ik maken van de effecten op mezelf?

_____

Hoe kan ik dit beeld gebruiken? Ik kies uit de volgende mogelijkheden:
* *de dialoog aangaan met het beeld*
* *een interpretatie vragen aan mezelf*
* *het beeld ter discussie stellen: wil ik dit?*
* *het beeld veranderen en passend maken bij het nieuwe, gewenste gedrag*

_____

_____

Als ik dit veranderde beeld terugvertaal naar mijn voorbeeld, hoe zal ik dan gaan reageren?

_____

_____

Controleer:
Steunt dit veranderde beeld mijn nieuwe gedrag?

_____

_____

Wat gebeurt er met mijn energie?

_____

_____

Antwoorden

Abe

Eerste mogelijkheid: het beeld veranderen. Abe stopt tot nu toe als het ware de film uit het verleden, het beeld blijft gefixeerd. Dat is niet nodig. Abe kan als regisseur optreden van zijn eigen film. Hij haalt het vieze ding tevoorschijn en zegt: 'Zuster Thomasina, ik heb een vieze, beschimmelde boterham. Mag ik die weggooien?' Hij kan de zuster naar believen laten antwoorden. Van heel lief en begrijpend, tot kwaad, kil en bestraffend. Hij kan de ervaring alsnog beleven op een andere manier. Abe kan een aantal versies maken, totdat hij er een vindt die hem bevalt en houvast biedt voor het heden.

Tweede mogelijkheid: de dialoog aangaan met het beeld. Wat maakt dat je steeds weer opduikt? Wat is je boodschap? Wat probeer je me duidelijk te maken?

Evelien

Evelien beschrijft zichzelf als een leeggelopen ballon. Ze kan dit beeld serieus nemen en ermee aan de slag gaan. Ze kan het de vorm en het uiterlijk van zichzelf geven en het dan opblazen. Ze kan het materiaal veranderen en dan doorgaan met opblazen totdat ze een reusachtige luchtballon is, groot genoeg om er een mandje onder te hangen en ermee de lucht in te gaan. Ze kan dan van grote hoogte op de wereld neerkijken en Astrid meewarig bekijken: die moet zo nodig. Hiermee is de perceptie volledig veranderd. Dan kan ze zich de vraag stellen: 'Als ik dit beeld vertaal naar de actuele, echte situatie, wat betekent dat dan voor mijn gedrag?'

5   GEVOELENS

Gevoelens zijn signalen. Ze vertellen je wat goed voor je is en wat niet. Je brengt jouw gevoelens in kaart en coacht jezelf om hun boodschap te begrijpen, waarderen en benutten.

Abe: ik ben bang voor een afwijzing

Wat is mijn globale situatie?
Ik werk op een stafafdeling. Mijn taak bestaat uit het adviseren en begeleiden van vernieuwingen en het stimuleren van innovaties.
Ik wil mezelf coachen op de hieronder genoemde drie punten.
- Ik ben bang voor kritiek.
- Ik maak dingen niet af.
- Ik voel me onzeker en wil leren hoe ik daarmee om kan gaan.

Het lijkt me verstandig om met het belangrijkste punt te beginnen en dus niet ineens alles tegelijk. Ik begin met het voor mij belangrijkste punt, ik begin met mijn angst voor kritiek.

Wat is de huidige situatie waarin ik verandering wil brengen?
De secretaresses komen bijna voortdurend te laat op hun werk. Als ze aanwezig zijn, kletsen ze te veel en drinken eindeloos lang koffie. Het gevolg is dat mijn collega's en ik veel te lang moeten wachten op werk dat we hun gevraagd hebben te doen. Ik erger me daaraan. Ik heb er ook wel wat van gezegd, maar dan hebben ze allerlei goede smoezen. Argumenten die echt flauwekul zijn.
Mijn gevoel zegt me dat hun argumenten onzin zijn, maar ik kan niet

bewijzen dat ze niet deugen. Dat maakt me onzeker. Ik weet niet wat ik dan moet doen en ga blozen. Dat is helemaal verschrikkelijk. Ik heb het idee dat ze me later achter mijn rug zullen uitlachen. Dan mompel ik iets, dat het toch erg lastig is dat ze te laat komen, en dan loop ik weg.

Ik geef (nog) een voorbeeld.
Ik had een aanvraag ingediend om naar een buitenlands symposium te mogen gaan. Mijn baas heeft dat afgewezen. Zijn argumentatie was dat het niet meer de moeite waard was om in me te investeren, omdat ik hier mijn langste tijd gehad heb. Ik was daardoor heel erg gekwetst. Ik ben wel de moeite waard om in te investeren. Er werd een gevoelige snaar geraakt: ik ben niet de moeite waard. Dat is een oud gevoel. Ik klap dan volledig dicht. Heb alleen maar een soort paniekgevoel in mijn binnenste. Ik ben weggelopen en heb de zaak verder vermeden. Liever eromheen lopen, dan er weer mee te maken te krijgen.

Wat zijn de effecten op mezelf?
Ik heb er de pest over in. Vooral in mezelf, ik tril van binnen. Het duurt soms weken voordat ik het weer los kan laten. Ik schaam me dat ik er nog steeds last van heb.

Wat wil ik anders doen?
Dat weet ik niet. Ik wil me niet meer zo gekwetst voelen. Niet meer zo dichtklappen.
(Opmerking: soms weet je niet wat je nieuwe gedrag moet zijn of wat je anders wilt. Dat is dan oké. Ontdek eerst wat er aan de hand is, onderga de situatie en vul dan later deze vraag in.)

Wat voel ik als het gebeurt?
Het doet pijn. Het is angst voor eenzaamheid en zielig zijn. Het is ook bijna een fysieke pijn: uitgesloten worden. Alleen zijn in een bewoonde wereld. Losgemaakt worden van waar je bij hoort.

Ik zie dan altijd een beeld van de lagere school. Ik had een boterham met kaas in mijn bureaula gelegd, verstopt achter boeken en schriften.

Het was vlak voor de vakantie en ik vergat die boterham. Toen ik na de vakantie terugkwam, zat er allemaal zwarte en groene schimmel op. Ik schrok me dood toen ik dat vieze ding ontdekte. Ik heb het meteen weer teruggeschoven en ik heb het daar weken laten liggen. Ik was de hele tijd doodsbang dat het ontdekt zou worden. Ik zat bij de nonnen op school. Die waren heel streng. Ik was bang dat ik … ja, hetzelfde dus. Dat ik helemaal geïsoleerd zou zijn.

Abe geeft concrete voorbeelden. Dat is van belang, omdat die bijna altijd de noodzakelijke informatie geven over de feitelijke situatie en de reactie daarop van jezelf. De motor voor het gedrag van Abe schuilt in een diepe en hevige angst om alleen gelaten te worden en in een isolement te raken. Dat vertaalt zich ook in beelden (zie hoofdstuk 4). De angst kennen we allemaal, maar gelukkig niet in de mate waarin Abe erdoor beïnvloed wordt. Het gevoel geeft ook belangrijke aangrijpingspunten voor verandering en ontwikkeling.

De achtergrond

Bij gevoelens denken we aan zelfvertrouwen, competentie, acceptatie, blijdschap, liefde, haat, angst, afkeuring, ontevredenheid, trots, veiligheid. Boudewijn ervaart uitputting, Harry is ontevreden als hij zich weer omver laat praten, Marco heeft een baaldag als hij zijn dag weer aan allerlei operationele zaken heeft gewijd.

WELKE WERKING HEBBEN GEVOELENS?
Gevoelens kunnen aanzetten tot gedragsverandering. In de hiervoor genoemde cases van Boudewijn, Marco en Harry zijn de negatieve gevoelens aanleiding om 'er iets aan te gaan doen' en om het eigen gedragspatroon te onderzoeken tijdens de zelfcoaching. Gevoelens kunnen ertoe leiden dat bepaald gedrag vermeden wordt. Angst voor conflicten is een veel voorkomend voorbeeld van deze categorie.
Gevoelens kunnen ook stimuleren tot het continueren van gedrag. Iemand die een succesvolle presentatie heeft gehouden en daar een

plezierig gevoel van zelfvertrouwen en competentie aan over heeft gehouden, zal snel 'ja' zeggen tegen een nieuw verzoek om een inleiding te houden.

WAT KUN JE ERMEE IN ZELFCOACHING?

Vier manieren om met gevoelens om te gaan en ze dienstbaar te maken:

- *Het belemmerende gevoel negeren* en focussen op een ander gevoel dat ondersteunend is. Harry kan gaan zoeken naar situaties waarin hij vol zelfvertrouwen is en helemaal zichzelf. Dat is in zijn geval een zeilsituatie. De kunst van het coachen van zichzelf bestaat er voor Harry in om in een situatie die paniek oproept, zich te concentreren op de zeilsituatie en het gevoel van het zeilen te gebruiken om te reageren. Het lukte Harry op deze manier los te komen van zijn angst voor de blokkade (zie blz. 14).

- *Een tegenvoorbeeld oproepen* om de fixatie op de negatieve ervaringen te neutraliseren. Vragen die je kunt stellen om je op weg te helpen, zijn: heb ik voorbeelden dat het anders afliep? Heb ik wel eens een situatie meegemaakt waarin ik kritiek kreeg en niet in paniek raakte? Heb ik voorbeelden dat ik 'nee' zei tegen een verzoek om werk aan te nemen en dat goed uitpakte? Deze voorbeelden kun je verder vragenderwijs exploreren en als hulpbron inzetten. Wat was mijn gevoel toen? Hoe kan ik dat gevoel gebruiken in de toekomst?

- *Vragen naar de boodschap van het gevoel.* Gevoelens kunnen als signalen opgevat worden. Signalen die een boodschap hebben. Angst kan een heel goed en duidelijk signaal zijn in een gevaarlijke situatie en de boodschap is: wegwezen! Als we de boodschap niet oppikken, is ons gevoel zo vriendelijk om de boodschap te blijven herhalen, net zolang tot we op de boodschap reageren. De meest simpele manier is gewoon om je rechtstreeks tot het gevoel te richten en te vragen: wat is je boodschap? Wat heb je me te vertellen? Het antwoord komt meestal vanzelf, je hoeft niets te bedenken.

- *Doorleven van het gevoel totdat de kracht afneemt.* Negatieve gevoelens worden vaak dubbel versterkt. De angst om te gaan blozen speelt al voordat zich de situatie voordoet waarin iemand gaat blozen. De vrees voor de pijn van de afwijzing maakt dat Abe situaties waarin dat gebeuren kan, zo veel mogelijk vermijdt. De beweging is bijna altijd weg van de pijn. Het gevolg is dat de pijn nooit getoetst wordt, nooit doorvoeld wordt. Om het in een beeld te vatten: de pijn Is als een huis, waarin we alleen in het portaal komen, om dan zo snel mogelijk rechtsomkeert te maken en weg te vluchten. Daardoor blijft de angst voor de pijn regeren, soms een leven lang. Het kan daarom heel goed zijn om de angst tegemoet te treden en het huis van de pijn te doorzoeken. Net zo lang tot we de angst en de pijn tot de juiste proporties teruggebracht hebben. Het paradoxale is dat daardoor onze zekerheid om ermee om te gaan, veel groter wordt.

Je hebt misschien wel zin gekregen om zelf aan de slag te gaan. Daarvoor is de volgende oefening bedoeld. We bieden je twee situaties aan om mee te oefenen, voordat je met je eigen gevoelens gaat werken. Aan het eind van het hoofdstuk vind je de antwoorden.

OEFENING

In deze situaties worden een aantal gevoelens beschreven van de hoofdpersoon. Net als in het echte leven vormen ze vaak een mengelmoes van belangrijke en minder belangrijke emoties. Het is belangrijk om het gevoel aan te kunnen wijzen dat het ongewenste gedrag in stand houdt en dus belemmerend werkt op het nieuwe gewenste gedrag.
Beschrijf het gewenste gedrag en het gevoel dat hierop belemmerend kan werken.

Mark

Vorige week gebeurde het me weer. Voor een belangrijk project had ik met het projectteam mijlpalen afgesproken waarop ze werk zouden aanleveren. Iedereen had de haalbaarheid bevestigd. Op het afgesproken moment leverden drie van de zeven mensen niet. Zij hadden geen signalen vooraf gegeven. Ik reageerde geïrriteerd en eiste kortaf een verklaring. Die kwam er niet echt. Toen werd ik pas echt boos en ik heb gewoon het bevel gegeven dat binnen een dag de zaken alsnog in orde waren. Het hele overleg bleef de sfeer gespannen. Ik ben ontevreden dat zij hun werk niet doen, maar het meest ben ik nog ontevreden over de manier waarop ik het aanpak.

Paulien
Mijn verantwoordelijkheden worden groter en ik heb met een grotere span of control te maken. Dat vind ik best spannend. Deze situatie brengt me bij een duidelijk punt van mijzelf. Ik ben slecht in het aangeven van mijn grenzen. Met gemak gaan mensen daar overheen. Ik ga dan het conflict uit de weg. Op zulke momenten voel ik me machteloos om de ander te stoppen. Tot nu toe heb ik daarin berust. Maar ik voel me er niet meer prettig bij. In de rol die ik nu heb, gaat het erom grenzen te kunnen stellen, voor mijzelf en naar mijn mensen.

Nu nog een uitgebreid voorbeeld. Gilles verkeert op voet van oorlog met een belangrijk deel van zijn medewerkers.

Gilles: gevoel mag niet

Mijn globale situatie
Ik geef leiding aan een grote businessunit van een verzekeringsbedrijf. De directie heeft twee jaar geleden het besluit afgekondigd van een drastische reorganisatie, die vooral mijn unit treft. Hiertegen is zeer krachtig verzet gerezen. Dit verzet richt zich ook en vooral tegen mij. Ik word gezien als de verpersoonlijking van de reorganisatieplannen. Ik wil mijn rol in het geheel analyseren op drie punten: het ontstaan van de oorlog, de rol van mijn persoon erin en de oplossing. Ik heb alle stappen van zelfcoaching gezet: situaties in de ontwikkeling van het conflict, mijn reacties, mijn overtuigingen, mijn beelden. Allemaal waardevol, maar het werkt niet echt. Ik doe geen nieuwe ontdekkingen.

Wat is mijn gevoel?
Er blijft toch steeds het gevoel zitten … in mijn buik en dat heb ik tot nu
toe genegeerd. Ik zal het nu aandacht geven.

Wat is de boodschap van mijn gevoel?
Het antwoord is: loop. Ga lopen. Run, run, run. En ik krijg er een beeld
bij: 'Een mannetje à la Donald Duck, waarvan de beentjes een rennende
cirkel vormen.'

Wat zegt die boodschap me?
Ik moet weg. Ik moet een andere job zoeken. Eén waar ik me gelukkig
voel. Waar ik de dingen kan doen die ik belangrijk vind. Hier zit ik steeds
in een conflict waar geen einde aan komt.

Wat voel ik bij deze boodschap?
Ik ben verdrietig. Ik ben verdrietig, omdat ik weer niet naar mijn gevoel
geluisterd heb. Ik heb me weer door mijn verstand laten leiden en door
het beroep dat anderen daarop doen. Ik heb weer mezelf verloren.

Gilles kan op dit punt verschillende wegen inslaan. Hij kan het beeld
onderzoeken van het mannetje en zijn boodschap run, run, run. Waar
komt het vandaan? Waar rent het heen?
Hij kan ook ingaan op een patroon dat hij schetst. Namelijk dat hij zijn
gevoel verwaarloost en zich alleen door zijn verstand laat leiden. Kennelijk maakt dat patroon hem verdrietig. Hij kiest ervoor om dat laatste te
onderzoeken. Dit is een nieuw terrein van onderzoek. Hij begint dus met
het beschrijven van de nieuwe situatie.

Wat is de globale situatie?
Ik ken het al heel lang. Bij ons thuis mocht je gevoel geen rol spelen. Er
werd altijd gezegd: wees redelijk, gebruik je verstand. En dat werkt nog
steeds. Als iemand tegen me zegt dat ik redelijk moet zijn, stap ik uit mijn
gevoel. Eigenlijk was het vooral mijn vader. Hij zei er ook vaak achteraan
'anders ben je net een dier.' En eigenlijk heb ik altijd het gevoel gehad dat
hij zei 'anders word je net als je opa.' Opa was een schuinsmarcheerder,

heb ik veel later begrepen. Hij had veel avontuurtjes en dat gaf in het gezin van mijn vader enorme spanningen. Seks en gevoel werden op de een of andere manier verbonden door mijn vader.

Ik geef een voorbeeld.
Ik moest alles kunnen onderbouwen met argumenten. En dat kon ik vaak helemaal niet. Ik had geen argumenten. Ik had mijn gevoel. En dan werd ik heel weifelend. Dan zei hij geïrriteerd: 'Is het dit of is het dat?' En ik voelde dat altijd als: 'Als je niet kunt kiezen en niet kunt redeneren, dan ben je niks.'

Wat zijn de effecten op mezelf?
Gevoel van twijfel is een onveilig signaal. Twijfel mag niet. Dan begint een lichte paniek.
Wat doe ik dan? Dan kies ik een redenering en houd daar strak en stijf aan vast. Ik onderbouw die met steeds meer argumenten. Ik word dan heel vierkant. Hoekig, bozig. Ga macht gebruiken. Ga doordrukken.

Wat is mijn gevoel hierbij?
Verdriet, verbazing, gêne, woede. Verdriet om dat jongetje dat zo vaak in de steek werd gelaten, want zo voelde het. Verbazing dat zulke boodschappen zo sterk zijn. Gêne dat ik me daar nou nog steeds niet aan ontworsteld heb. Woede, dat ze me dat aangedaan hebben.

Wat wil ik anders doen?
Ik wil twijfel niet als een onveilig signaal beschouwen, maar als een waardevol signaal.

Twijfel, wat is je boodschap?
Twijfel is ook een signaal dat ik mijn gevoel verwaarloos en dat ik dus geen argumenten moet gaan verzinnen, maar juist terug moet naar mijn intuïtie. Eigenlijk als rood licht en belgerinkel bij een spoorwegovergang.

Wat betekent deze boodschap voor me?
Een enorme opluchting. Ik tintel helemaal. Alsof een gesloten deur opengaat naar een hele nieuwe wereld.

TOELICHTING
Via onze zintuigen leren we de wereld kennen. Er zijn mensen die primair vertrouwen op de dingen die ze zien. Als ze het plaatje compleet hebben, zijn ze zeker van hun zaak. Er zijn mensen die primair vertrouwen op de dingen die ze horen en lezen. Ze verbinden woorden aan elkaar tot redeneringen. In de dialoog met anderen vormen ze hun mening. Als de argumenten op een rij staan, zijn ze zeker van hun zaak. Er zijn mensen die primair op hun gevoelens vertrouwen. Er zijn omstandigheden, mensen, dingen die wel of niet goed voelen. Als hun gevoel duidelijk is, zijn ze zeker van hun zaak.

Bijna ieder mens gebruikt alle drie systemen, maar meestal is één systeem primair. De twee andere systemen zijn er ter ondersteuning van het primaire systeem. Als mensen van hun primaire systeem beroofd worden, valt hun zekerheid weg. De consequenties kunnen er vele zijn: bokkig worden, schijnzekerheid zoeken, besluiteloos zijn of naar de pijpen van de ander dansen, zijn een paar van de mogelijkheden.

Als voor Gilles duidelijk is dat hij als jongetje zijn primaire systeem heeft leren wantrouwen en opzij heeft leren zetten, is het veranderpunt duidelijk: Gilles moet zichzelf toestemming geven om zijn gevoel te mogen gebruiken. Hij doet dat door zijn gevoelens als leidraad te nemen en naar de waardevolle signaalfunctie te vragen. Eerst door het gevoel serieus te nemen dat de analyses van beelden en overtuigingen niet de ware ontdekkingen opleveren. Vervolgens door de twijfel niet als een vijand te zien, maar als een bondgenoot te begroeten en om hulp te vragen.

Tijd om aan de slag te gaan en je eigen gevoelens in kaart te brengen, hun rol te onderzoeken en ze te gebruiken voor nieuwe kansen. Maak ze ondersteunend, bundel en richt je energie.

Stap 5: gevoelens die mijn gedrag aansturen

Wat is mijn globale situatie?

_____

_____

Wat is de huidige situatie waarin ik verandering wil brengen?

_____

_____

Ik geef een voorbeeld.

_____

_____

Wat zijn de effecten op mezelf?

_____

_____

Wat wil ik anders gaan doen?

_____

_____

Heb ik een voorbeeld van het gewenste gedrag?

_____

_____

Welke gevoelens heb ik bij de effecten op mezelf?

_____

_____

Wat kan ik met mijn gevoelens doen:
- negeren en focus richten op een ander, ondersteunend gevoel
- neutraliseren door een tegenvoorbeeld op te roepen
- vragen naar de boodschap van het gevoel
- doorleven in alle hevigheid totdat de kracht afneemt

_____

_____

Welke mogelijkheden kies ik?

_____

_____

Wat levert dit mij op?

Controleer:
Ondersteunt mijn gewijzigde gevoel mijn nieuwe gedrag?

Wat gebeurt er met mijn energie?

Antwoorden

Mark
De situatie is dat projectleden hun werk niet op tijd afhebben. Mark kan hier op verschillende manieren op reageren. Zijn keuze tot nu toe is om een verklaring te eisen en daarna een bevel te geven. Dit gedrag wil hij veranderen. Irritatie en boosheid belemmeren dit.

Paulien
Paulien wil veel duidelijker dan voorheen haar grenzen aangeven. Machteloosheid is het gevoel dat daarbij belemmerend werkt.

6 BASALE BEHOEFTEN EN ONGEMAKKELIJKE PATRONEN

Drie basale behoeften hebben grote invloed op je gedrag. Je leert je overlevingsstrategieën kennen. In plaats van vluchten en vermijden, coach je jezelf naar acceptatie en persoonlijke invloed.

Remco: plotseling word ik woedend

Wat is mijn globale situatie?
Ik ben jurist en werk op een ministerie. We hebben veel contacten met Brussel over Europese wetgeving. Ik heb erg veel ervaring en word daarom vaak geraadpleegd door minder ervaren collega's.

Wat is de huidige situatie waarin ik verandering wil brengen?
Ik vind het erg belangrijk om jongere collega's op pad te helpen. Ik heb het zelf heel druk, maar maak toch tijd vrij als ze om advies of hulp vragen. Ik verwacht dan wel dat ze hun deel doen. Als ik merk dat ze dat niet doen, word ik heel boos en strak. Ik blijf nog lang in mijn hoofd ruzie maken. Ik heb er dus last van en dat wil ik niet.

Ik geef een voorbeeld.
Een jonge collega van me moet morgen voor de eerste keer naar Brussel. Hij komt twee weken geleden bij me en vraagt om raad. Ik leg uit hoe het werkt in Brussel en wat hij kan verwachten en zeg dat hij als eerste stap het dossier goed moet doornemen. Ik vertel aan hem de aandachtspunten, en daarna zullen we tijdens een volgende afspraak zijn inbreng doornemen. Gisterenmiddag stond die afspraak gepland en gisterenochtend heb ik een aantal notities gemaakt om die met hem

door te nemen. Tijdens dat gesprek blijkt dat hij zijn werk niet heeft
gedaan, hij heeft niets uitgewerkt. Ik werd heel boos. Het schiet dan als
een vlam door me heen. Het is een belangrijk dossier en we moeten
onze inbreng hebben. Ik werd heel strak. 'Dit lijkt nergens op', zei ik. 'Ik
zal mijn notities voor je uitwerken, dan kun je die inbrengen. Zelf lukt
het je kennelijk niet.' Bij ons geldt dat als een enorme afgang. Hij werd
helemaal bleek.

Wat zijn de effecten op mezelf?
Ik ben ontevreden met mezelf. Vind mijn reactie overtrokken. Ik maak
hem heel klein. Ik heb niet eens aan hem gevraagd of er een goede reden
voor was. In mijn hoofd ben ik aan het ruzie maken met hem en met
mezelf.

Wat wil ik anders doen?
Ik wil vanuit kalmte kunnen reageren. Informeren wat er aan de hand is.
Wat hem wel is gelukt en wat niet. Wat hij van mij nodig heeft. Hoe
kunnen we er in korte tijd toch nog iets redelijks van maken en hem
zelfvertrouwen geven?

Heb ik een voorbeeld van het gewenste gedrag?
Heel veel. Het is mijn natuurlijke gedrag, dat onderbroken wordt door
die plotselinge hevige woede. Dan ga ik heel anders reageren.

Wat maakt dat ik zo ontevreden ben over mezelf?
Mijn woede is disproportioneel, overtrokken. En mijn reactie dus ook.
Niemand schiet er iets mee op. Integendeel.

De achtergrond

Er zijn drie basale behoeften:
1 de behoefte om je competent te voelen
2 de behoefte om je geaccepteerd te voelen
3 de behoefte om voldoende invloed op je omgeving te hebben.

WELKE WERKING HEEFT EEN BEHOEFTE?

We bespreken hier de werking van de drie genoemde behoeften.

1 De behoefte om je competent te voelen

Je leeft met een beeld van jezelf en hebt een idee welke beelden anderen van jou hebben. Ger kan vinden dat hij veel ervaring heeft en bekwaam is, maar dat zijn omgeving daar weinig oog voor heeft en hem zelden raadpleegt. Marieke spreekt een Brabants dialect, ze vindt dat zelf stom en denkt dat haar buurman op haar neerkijkt. De Hollandse buurman vindt het juist mooi dat ze haar eigen taal spreekt.

We hebben beelden over onszelf en elkaar en ontlenen daaraan verwachtingen. Die verwachtingen hebben invloed:

- Je wilt de verwachtingen van de omgeving en je eigen verwachtingen niet te veel laten verschillen, noch in positieve, noch in negatieve zin.
- Je wilt voldoen aan de verwachtingen die je geaccepteerd hebt.

Als je aan de verwachtingen voldoet, levert dit een gevoel van competentie en zelfvertrouwen op. Dit uit zich in vrijheid en creativiteit. Je durft initiatieven te nemen, anderen te steunen en te vertrouwen en je beschikt over veel positieve energie. Als je niet voldoet, laat dit je met een gevoel van incompetentie achter. En dat is een vervelend gevoel, dat je zult proberen te vermijden. Je kunt bang worden voor kritiek en te angstig om met voorstellen te komen. Je kunt nog een keer en nog een keer proberen om het de ander naar de zin te maken, of je kunt offensieve manieren zoeken om de waardering te krijgen die je nodig hebt.

2 De behoefte om je geaccepteerd te voelen

Mensen kunnen elkaar accepteren op verschillende niveaus van hun persoonlijkheid en elkaar dus ook afwijzen op verschillende niveaus. We onderscheiden:

- het niveau van de waarden   = wie we zijn en waarin we geloven
- het niveau van de belevingen   = wat we vinden/voelen/zien
- het niveau van de capaciteiten   = wat we kennen en kunnen
- het niveau van het gedrag   = wat we doen.

Hoe hoger in de persoonlijkheidshiërarchie, des te intenser kan het gevoel van acceptatie of van afwijzing zijn. Afwijzing van een stukje van je gedrag doet minder pijn dan afwijzing op grond van je waarden of overtuigingen. Een voorbeeld van het laatste vormt Jaap. Jaap is een competent groepslid. Hij bezit de kennis en ervaring die voor de taak van het team van nut zijn. Bovendien komt hij zijn afspraken goed na. In de loop van de tijd komen de andere teamleden erachter dat Jaap lid is van een uiterst rechtse politieke partij. Zijn overtuigingen zijn voor de andere groepsleden moeilijk te accepteren en ze beginnen hem te mijden.

Geringe acceptatie van *de persoon* geeft heftige gevoelens van onveiligheid. Zeker als dat je in je jeugd overkomt, kunnen de gevolgen groot zijn. De persoonlijke groei stagneert, er is angst om met nieuw gedrag te experimenteren en er ontstaan verkeerde en oneigenlijke aanpassingen om de acceptatie toch maar te verwerven. Uiteindelijk kan de persoon ook zichzelf niet meer accepteren of niet meer weten wat bij hem past en wie hij is.

Acceptatie leidt tot een veilig gevoel, waarin de energie vrijgemaakt is en ingezet wordt ten gunste van het bereiken van vrij gekozen doelen. Er is groei, de competenties worden steeds meer benut en ontwikkeld. Er is interesse in anderen en verbinding met die anderen. De veiligheid gaat samen met zelfacceptatie: men is zichzelf.

3 De behoefte aan voldoende persoonlijke invloed

Die invloed geldt dan op de zaken in de omgeving die van belang zijn voor de persoon. Voor het kind zijn dat andere elementen dan voor de volwassene, maar de behoefte om niet geleefd te worden, maar zelf sturing te kunnen zetten, blijft hetzelfde. Als je onvoldoende invloed kunt uitoefenen, heeft dat verschillende gevolgen. Je kunt menen dat je wensen niet gerechtvaardigd zijn en ervan afzien. Je kunt dat zo geregeld doen, dat je uiteindelijk helemaal niet meer weet wat je zelf wilt. Je kunt manipulatieve technieken ontwikkelen om toch je zin te krijgen, bijvoorbeeld door schuldgevoelens bij anderen op te roepen. 'Wat doe je me aan,' zegt de moeder tot haar volwassen dochter, die een baan in een ander deel van het land wil accepteren. Als je voldoende sturing kunt zetten op je leef- en werkomgeving, kun je tot werkbare oplossingen komen. Je erkent de legitimiteit van je eigen wensen en die van anderen. Je luistert, bent flexibel waar nodig en stevig indien gewenst.

Overlevingsstrategieën

We hebben dus drie basale behoeften en die spelen al vanaf onze geboorte een dominerende rol. Maar ... kinderen krijgen niet altijd wat ze nodig hebben en volwassenen evenmin. Het is voor een kind en voor veel volwassenen bedreigend om de waarheid onder ogen te zien dat in die behoeften nooit volledig voorzien zal worden. Om te sterke pijn daarvan te vermijden, hebben we als kind een paar overlevingsstrategieën aangenomen. We hebben die keus niet bewust gemaakt en dus kunnen ze voortleven als we volwassen zijn.

Er zijn vier elementaire manieren waarop we kunnen ontkennen dat een of meer van onze behoeften niet vervuld zullen worden en dat dat pijn doet. Het zijn vormen van afweer, omdat ze ons beschermen tegen al te hevige pijn.

1   We denken dat, als we nog meer ons best doen, onze behoeften aan liefde, acceptatie, invloed vervuld zullen worden. Dit heet *'valse hoop'*. De bijbehorende overtuigingen zijn onder andere:
    • Ik moet haar helpen, anders redt ze het niet.
    • Ik behoor klaar te staan voor mijn mensen.
    • Ik ben er verantwoordelijk voor dat de afdeling goed loopt.

2   We vertellen onszelf dat we het niet zo erg vinden dat we iets niet krijgen. Dit heet *'valse ontkenning'*. De bijbehorende uitspraken zijn onder meer:
    • Ach, het is ook eigenlijk helemaal niet goed voor me. Ik word er maar lui door.
    • Hij heeft gelijk om me die opdracht niet te geven. Ik heb het trouwens veel te druk om die erbij te nemen.
    • Het is hier een harde omgeving. Daar moet ik maar tegen kunnen.
    • Ja, jammer dat je niet kunt komen, maar ik amuseer me wel.

3 We worden boos op de ander en geven die de schuld. Dit heet *valse macht*. Voorbeelden:
  * Dat is een onmogelijk iemand om mee samen te werken. Daar houdt geen mens het mee uit.
  * Ober, bent u altijd zo onbeschoft, of tref ik het slecht vandaag?

4 We geven onszelf de schuld. Dit heet *valse schuld*.
  * Nee, ik ben niet uitgenodigd, maar ik ben ook zo saai. Ik pas daar niet.
  * In vergaderingen ben ik altijd te laat met mijn opmerkingen. Geen wonder dat niemand er aandacht aan besteedt.
  * Mijn moeder is depressief, dus ik ben een slechte zoon. Hierbij hoort de overtuiging: ik ben verantwoordelijk voor het welbevinden van anderen.

In situaties waarin je als volwassene onevenredig gevoelig geraakt wordt, heb je sterk de neiging om terug te vallen op een van deze afweermechanismen en dus:
* boos te worden op de ander
* jezelf onderuit te halen en de schuld te geven
* je behoefte te ontkennen
* nog meer en beter je best te doen.

Het hele patroon ziet er dus als volgt uit:
* In je jeugd heb je te weinig gekregen om je behoeften aan competentie, acceptatie en invloed te bevredigen. Dat deed pijn.
* Soms was dat gebrek zo schrijnend dat je vluchtroutes ontwikkeld hebt.
* Als soortgelijke situaties nu optreden, voel je dezelfde pijn.
* Je vermijdt de pijn door een van de vier vluchtroutes te kiezen. Dezelfde die je al je hele leven kiest.

WAT KUN JE ERMEE?

Als je het patroon en één of meer vluchtroutes herkent, dan is duidelijk dat je tot nu toe steeds de pijn hebt willen vermijden. Dat mag wel logisch lijken, maar het brengt je niet veel verder en houdt in ieder geval het patroon in stand. Als je het wilt doorbreken, kun je het beste in je pijn stappen en die volledig ondergaan en erkennen. Als je dat doet, kun je op onderzoek uitgaan. Wat voor gevoel is het eigenlijk? Hoe lang ken ik dit gevoel al? Wat maakt dat ik me zo voel? Wat krijg ik niet, dat ik wel wil hebben?

We keren terug naar Remco en zijn plotseling oplaaiende woede en het bijbehorende gedrag. Heb je het herkend? Een duidelijk voorbeeld van *valse macht*. Hij coacht zichzelf en probeert niet langer de woede te onderdrukken, maar stapt erin.

Wat voor gevoel is het eigenlijk?
Woede die uit mijn buik omhoog schiet. Mijn hart bonkt. Ik zie de ander nauwelijks meer. Ik wil terugslaan.

Hoe lang ken ik dit al?
Al heel lang. Van mijn zestiende of zeventiende jaar.

Wat maakt dat ik me zo voel?
Ik voel me misbruikt. De ander stelt zich hulpeloos op. Ik stap erin, bied hulp en de ander doet niets.

Waar doet me dat aan denken?
Mijn moeder deed het net zo, ze stelde zich dan heel afhankelijk en zwak op. Ze kon nooit wat. Mijn vader werd dan heel strak en hielp niet. Ik hielp haar dan en ik vond dat prima, maar als ze me alles liet doen, voelde ik me misbruikt. Ik werd dan heel boos, maar deed het werk wel. Zwijgend en mokkend.

Wat heb ik niet gekregen dat ik wel wilde?
Evenwicht, gelijkwaardigheid, erkenning voor mijn belangen. Ik moest alleen maar geven. Ik kreeg niets terug.

Wat is dus de eigenlijke boodschap?
Je maakt misbruik van me. Ik wil evenwicht in onze inspanningen en dat is er niet.

Welke keuzes heb ik nu?
In mijn oude gedrag volharden of deze boodschap uitspreken. Ik kies voor het laatste. Dat past nu bij me.

Controleer: is dit consistent met mijn nieuwe gedrag?
Ja. Want als ik me voorstel dat ik dit gezegd zou hebben, bedaart mijn woede meteen. En dan kan ik door naar een evenwichtige oplossing.

Test jezelf en ontdek de gebruikte afweermechanismen in de volgende situaties. De antwoorden staan aan het einde van dit hoofdstuk.

OEFENING

Dirk

Situatie. Mijn hele leven heb ik gestreden tegen macht en machthebbers. Ik heb altijd gedacht dat ik mijn leidinggevenden zo ver mogelijk van me moest afhouden om mijn werk te kunnen doen. Nu ben ik zelf directeur en naar mijn mensen in de organisatie gaat het eigenlijk best goed. We hebben een goede verstandhouding en werken samen aan een duidelijke lijn voor de organisatie. Maar nou heb ik ruzie met mijn bestuur. Daar valt echt niet mee samen te werken. Dat is echt een verschrikkelijk stelletje regenten.
Welk afweermechanisme herken je hier?

Els

Situatie. Ik ben secretaris van de directie van een onderdeel van een ministerie. Ik coördineer het werk van alle projectleiders, bereid de directievergaderingen voor, adviseer in personeelszaken en stuur het secretariaat aan. Ik krijg veel inhoudelijk werk toegeschoven, zoals het schrijven van toespraken voor de staatssecretaris. Ik zit tot over mijn

oren in het werk en het wordt steeds meer. Ik heb mijn baas er al enkele keren over aangesproken en gezegd dat het echt te veel is, ook omdat ik zwanger ben en daardoor veel vermoeider dan normaal. Gisteravond heb ik tot half elf thuis zitten werken en om kwart over tien heb ik nog een mail naar hem verstuurd met het conceptjaarplan. Als hij ziet hoe laat ik nog heb zitten werken, zal hij toch wel inzien dat dit niet kan en meer rekening met me houden?
Welk afweermechanisme herken je hierin?

Reza

Situatie. Een chef van een afdeling biedt mij een rapport aan. Zijn naam staat erop. Ik weet dat een medewerker van hem tenminste een flink stuk van het onderzoek heeft verricht en beschreven. Ik ben de naasthogere chef. Een leidinggevende behoort medewerkers omhoog te steken, vind ik, en niet toe te geven aan zijn eigen verlangens om zich te profileren. Ik krijg een kleur van boosheid, maar zeg er niets over. Ik bedank hem voor het rapport en zeg dat ik nieuwsgierig ben naar de inhoud. Als hij weg is, bedenk ik dat het ook niet de moeite waard is om me er druk over te maken. Het helpt toch niet.
Welk afweermechanisme herken je hierin?

Genoeg geoefend? Spannend om je eigen afweermechanismen te onderzoeken? De stappen van het schema helpen je om ze in kaart te brengen.

Stap 6: mijn behoeften en afweermechanismen

Wat is mijn globale situatie? Kan ik situaties noemen waarin ik plotseling geraakt word, en van het ene op het andere moment verander van een zeker, rustig en competent persoon naar een gedeprimeerd, boos, schuldig of bedreigd mens?

_____

_____

Wat is de huidige situatie waarin ik verandering wil brengen?

_____

_____

Ik geef een voorbeeld.

_____

_____

Wat zijn de effecten op mezelf?

_____

_____

Wat wil ik anders gaan doen?

_____

_____

Controleer:
Is het positief geformuleerd?

_____

Ligt het binnen eigen bereik?

_____

_____

Geeft het me energie?

_____

_____

Heb ik een voorbeeld van het gewenste gedrag?

_____

_____

Welke gevoelens heb ik bij de effecten op mezelf?

_____

_____

Wat voor gevoel is het eigenlijk? Ik stap in het gevoel en onderga het helemaal.

_____

_____

Hoe lang ken ik dit al?

_____

_____

Wat maakt dat ik me zo voel?

_____

_____

Waar doet me dat aan denken in mijn verleden?

_____

_____

Wat heb ik niet gekregen dat ik wel wilde?

Acceptatie _____

Competentie _____

Invloed _____

Wat is dus de eigenlijke boodschap, de kern?

_____

_____

Welke keuzes heb ik nu? Wat kies ik?

_____

_____

Wat doet dit met mijn energie?

_____

_____

Antwoorden

Dirk
Valse macht.

Els
Valse hoop.

Reza
Valse ontkenning.

7   WAARDEN EN HET HEEN-EN-WEERDILEMMA

Wat wezenlijk belangrijk voor je is, komt tot uitdrukking in je waarden. Je krijgt vijf mogelijkheden om nieuw gedrag te verbinden met je waarden en jezelf een echte keus te geven.

Waarden – de achtergrond

Waarden zijn ijkpunten van onze persoonlijkheid. Waarden zijn daarmee centraal en allesdoordringend. Het zijn antwoorden op de vraag wat we echt belangrijk vinden in ons leven. De antwoorden liggen in de orde van integriteit, liefde, status, eerlijkheid, maximale ontwikkeling, harmonie, verantwoordelijkheid. Een ander mag daar niet zomaar aankomen en we verwachten dat men er respectvol mee omgaat.

WELKE WERKING HEBBEN ZE?

We nemen Hans als voorbeeld. Hij heeft te maken met een autoritaire baas. Hans krijgt van hem veel kritiek: op zijn manier van leiding geven, maar ook op zijn medewerkers. Het gedrag van Hans bestaat uit veel toegeven, kritiek proberen te voorkomen en pijn verzachten waar dit mogelijk is. De overtuiging die hiervoor zorgt, luidt: 'Ik moet streven naar een goede sfeer bij mij in de unit.'

Hij vraagt aan zichzelf: 'Wat vind ik belangrijk aan een goede sfeer?'

Hij antwoordt: 'Harmonie. Ik vind harmonie erg belangrijk.'

De trits waarde-overtuiging-gedrag is dus: harmonie is *belangrijk*, dus *moet* ik een goeie sfeer nastreven, en dat *doe* ik door toegeven en verzachten. Dat uiteindelijk deze trits niet erg succesvol is, is de reden voor Hans om zichzelf te gaan coachen.

- *Ontdekken en een plaats geven.* Lang niet altijd zijn mensen zich bewust van de waarden die hun leven in sterke mate aansturen. Het kan een hele ontdekking zijn als iemand constateert dat *ontwikkeling* een centrale rol inneemt in zijn hele leven. Niet alleen dat hij zelf naar maximale ontwikkeling streeft, maar ook zijn loopbaankeuze – leraar – is erdoor bepaald. Herkenning en bewuste aanvaarding kunnen je persoonlijke kracht en authenticiteit versterken.

- *De samenhang tussen waarden, overtuigingen en gedrag onderzoeken.* In het bovenstaande voorbeeld van Hans formuleerde hij de genoemde trits.

- *De samenhang toetsen aan de effecten.* Hans vraagt: 'Levert die samenhang me het gewenste effect? Is er harmonie op mijn eenheid?' Antwoord: 'Nee, helemaal niet. Ik maak het dragelijk, maar harmonie is er beslist niet. Erg effectief is die trits dus niet.'

- *Verandering in de samenhang brengen.* Wat ga ik dan aanpassen? Wat moet ik veranderen om andere effecten te bereiken?' Waarden veranderen niet zo gemakkelijk, het is daarom eenvoudiger om óf de overtuiging te wijzigen, óf het gedragsrepertoire uit te breiden. Het resultaat in de casus van Hans is, dat de waarde behouden blijft. De overtuiging wordt gewijzigd. Hij formuleert: 'Een goede sfeer bereik je door duidelijkheid.' Hierdoor kan het gedragsrepertoire uitgebreid worden: naast toegeven en verzachten, kan hij er ook voor kiezen om de confrontatie te gebruiken. De trits wordt nu: Ik vind harmonie *belangrijk*, dus *moet* ik een goeie sfeer nastreven en dat *doe* ik door duidelijk te zijn.

- *Prioriteiten wijzigen.* Meestal hebben we meer dan één waarde. De meeste mensen sturen zichzelf aan met behulp van vijf of zes waarden. Lang niet altijd is men zich van die waarden bewust. Het gevolg is dat ze soms conflicteren. In de casus van Boudewijn, die hieronder verder wordt uitgewerkt, conflicteren verantwoordelijkheid voor het werk en de behoefte aan voldoende fysieke rust met elkaar. Als Boudewijn aan het werk is, snakt hij naar vakantie en rust. Als hij daaraan toegeeft, ervaart hij schuldgevoel, omdat hij collega's en opdrachtgevers in de steek laat.

De oplossing voor een dergelijk heen-en-weerdilemma ligt meestal in een waarde (criterium) van een hogere orde. Zowel werk als andere tijdsbestedingen moeten aan dat ene criterium getoetst worden. Bij Boudewijn is dat ruimte, daarmee kan hij buiten het dilemma treden. Anderen nemen gezondheid als belangrijkste criterium en toetsen daar hun keuzes aan. Iedereen kan zichzelf helpen door zich bewust te worden van deze keuzemogelijkheden en door keuzes te maken en daarnaar te leven.

Boudewijn: ik sta op het punt af te knappen – deel I

Wat is mijn globale situatie?
Ik ben consultant bij een grote IT-organisatie. Ik ben succesvol en veel-gevraagd. Ik vind het werk niet leuk meer. Er zit een basale onrust in mijn lijf en ik voel me uitgeput. Het gaat niet goed met me. Vroeger was ik als een eik: groot en sterk, met sterke takken en een vol bladerdak. Nu is alles afgezaagd: alleen de stam is nog over.

Wat is de huidige situatie waarin ik verandering wil brengen?
De grote, belangrijke opdrachten komen vaak bij mij terecht. Ik ben natuurlijk ook ervarener dan veel jonge collega's. Bovendien is er in onze eigen organisatie veel onrust. Onze leidinggevende gaat weg en hij probeert een hele groep collega's van me mee te nemen. Ik zie heel veel mogelijkheden om dit moment aan te grijpen voor vernieuwing. Ik vind alles belangrijk, maar het is veel te veel.

Ik geef een voorbeeld.
Ik heb allerlei ideeën over hoe het verder moet met de afdeling en het is absoluut nodig dat iemand leiding geeft aan het proces dat nu aan de gang is. Ik heb ook een opdracht aangeboden gekregen die heel uitdagend is. Maar dat betekent wel dat ik de komende negen maanden drie dagen in de week bij de klant zit. De opdracht moet ik overnemen van een collega. Er is van alles misgegaan en we verliezen de klant als het nu niet

goed gaat. Bovendien dreigen er dan schadeclaims. Het moet dus goed gaan. Het is een belangrijke klant.

Wat zijn de effecten op mezelf?
Ik word eerst enthousiast, maar meteen voel ik dan de uitputting en de onrust. Soms snak ik ernaar om weg te gaan en rust te vinden.

Wat wil ik anders doen?
Boom, welke boodschap heb je voor me? Wat moet ik doen?
'Je hebt me verwaarloosd. Ik wil aandacht. Als je me geen aandacht geeft, loopt het slecht met je af. De eerste stap is rust nemen. De tweede is blijvende aandacht geven aan je gezondheid.'

Wat maakt dat ik me uitgeput voel en onrust voel?
Ik neem veel te veel op me.

Wat maakt dat ik veel te veel op me neem?
Ik heb plichtsgevoel. Ik wil alles waar ik aan begin, ook heel goed afmaken. Ik leg hele hoge standaards aan. Ik heb een sterk plichtsgevoel meegekregen. Als er een beroep op me gedaan wordt, dan moet ik daaraan gehoor geven. Ik moet mijn verantwoordelijkheid dragen.

Wat is belangrijk aan het dragen van verantwoordelijkheid?
Dat is gewoon heel belangrijk voor me. Zo ben ik. Dat voel ik.

OEFENING

Ervaring opbouwen
In het bovenstaande vind je een beeld terug, minstens één overtuiging en een waarde. Welke heb je herkend? Antwoorden vind je aan het eind van dit hoofdstuk.

Wat speelt er nog meer?
Ik ben zo moe. Maar als ik rust neem, wordt de drang om aan het werk te gaan en mijn schuldgevoel dat ik dat niet doe, alsmaar sterker. En als

ik hard aan het werk ben, dan krijg ik de signalen van mijn lichaam, dat dat heel onverstandig is. En het is nog ingewikkelder. Want als ik denk aan rust nemen, dan redeneer ik meteen dat dat ook niet helpt, omdat ik dan toch weer onrustig word van het werk dat niet gedaan wordt. Dus dan neem ik ook maar geen rust. Wat ik ook kies, werk of rust, het is nooit goed. Ik heb het gevoel dat ik het niet erg lang meer volhoud.

OEFENING

Ervaring opbouwen om jezelf te coachen
Aan welke waarden van jezelf heb je gedacht, nu je met dit onderdeel van zelfcoaching bezig bent? Wat vind jij echt belangrijk in leven en werk?

- _____
- _____
- _____

Het dilemma – de achtergrond

De casus van Boudewijn is gecompliceerd. Allereerst worstelt hij met een heen-en-weerdilemma: de keuze tussen twee alternatieven, die allebei belangrijk zijn en elkaar lijken uit te sluiten. Boudewijn wil veel werk op zich nemen en dat excellent uitvoeren. Aan de andere kant wil hij rust en minder werk.

WELKE WERKING HEEFT EEN DILEMMA?

De keus voor één element leidt altijd tot wroeging dat geen andere keus gemaakt is. Dan wordt een overstap gemaakt naar de andere kant van het dilemma en daar begint het opnieuw: de andere keuze lokt. De gevolgen zijn ernstig: een gevoel gemutileerd te zijn en de nabije uitputting. Wat extra meespeelt bij Boudewijn, is het hoge plichtsgevoel: hij voelt het nemen van verantwoordelijkheid als een deel van zichzelf. Verantwoordelijkheid is een waarde voor hem. Hij voelt zich verantwoordelijk voor het behouden van de belangrijke klant, het reorganiseren van de afdeling en de begeleiding van de collega's. Dat zijn drie aparte gebieden. De moeilijkheid zit natuurlijk ook in het feit dat hij niet definieert wat wel en wat niet zijn verantwoordelijkheid op elk gebied is. Het gevolg is dat hij alles aanneemt wat maar enigszins in de tijd haalbaar lijkt. Het zou een verstandige aanpak van Boudewijn kunnen zijn, als hij zijn overtuiging in die zin zou veranderen.

WAT KUN JE ERMEE?

Er is een tweede aanpak mogelijk in zijn dilemma. Deze aanpak geldt voor elk dilemma. Pas wanneer je drie keuzen hebt, geef je jezelf echt een keus. Het is erg moeilijk voor mensen om hun waarden te wijzigen. Ze zijn immers een belangrijk onderdeel van henzelf. Om die reden kunnen ze ook alleen uit een dilemma stappen door een hogere waarde te nemen als toetssteen. Boudewijn zit gevangen in het dilemma tussen rust en verantwoordelijkheid. Dit is de vraag die hij zich moet stellen: '*Wat is nog belangrijker voor me dan rust en verantwoordelijkheid?*' Als het hem lukt die vraag te beantwoorden, zijn plotseling heel andere keuzes mogelijk. Het dilemma wordt verlaten en er opent zich een nieuw perspectief aan gewijzigde overtuigingen, beelden, gevoelens en gedragsalternatieven.

Boudewijn: ik sta op het punt af te knappen – deel 2

Wat is nog belangrijker voor me dan rust en verantwoordelijkheid?
Wat heeft de eik nodig om weer te gaan uitlopen, weer een sterke kroon te krijgen?
Ruimte. Dat is heel belangrijk.

Wat is zo belangrijk aan ruimte?
Ik weet het niet. Ruimte is erg belangrijk.

Wat gebeurt er met me als ik te weinig ruimte heb?
Dan word ik heen en weer geduwd. Ik heb geen eigen plek. Ik ben alleen nog bezig om op de been te blijven, om niet te struikelen.

Wat geeft ruimte me?
Een vaste plek. Werken vanuit mijn eigen kracht. Overzicht, zekerheid, rust.

Wat zal er gebeuren als ik ruimte als belangrijkste criterium neem bij het aannemen van werk?
Ik kan nog niet alles overzien. Het voelt heel aantrekkelijk. Ik voel energie opkomen. Dat is een heel belangrijk punt. Ik zal aan mijn eigen hoge standaards kunnen werken en die halen. Dat is winst. Aan half werk heeft niemand iets. Ik kan niet al het werk aannemen dat ik zie of waarvoor ik gevraagd word, dus ik selecteer toch. Dan maar liever op een helder criterium, dat goed voor mezelf en de klant is.

Met het ontdekken van het dilemma en het vinden van de weg om het te verlaten, heeft Boudewijn belangrijke stappen gezet, maar hij is er nog niet. Een levenslang patroon is diep ingesleten en het vraagt voortdurende aandacht en discipline om het patroon te vervangen door een nieuw patroon, dat meer energie en levensvreugde geeft. Je kunt de weg weten, maar je moet hem ook gaan om het doel van de reis te bereiken. Boudewijn heeft zich een tijd lang bij nieuw werk dat op zijn pad kwam en dat hij geneigd was op te pakken, afgevraagd: geeft dit me een gevoel van ruimte? Als dat niet het geval was en hij al moe werd van de gedachte, liet hij het werk liggen. *Dit gebruik van de hoogste waarde als toetssteen* werkte heel goed. Totdat zijn organisatie in een crisis terechtkwam en het beroep op hem zo sterk werd, dat hij terugviel in zijn oude patroon. Het gevolg was een burn-out, die lang geduurd heeft. Het kennen van je waarden en ermee werken kan veel winst opleveren. Dat maakt zelfcoaching zo waardevol.

Stap 7: een heen-en-weerdilemma waarin ik gevangen zit

Wat is mijn globale situatie?

_____

_____

Wat is de huidige situatie waarin ik verandering wil brengen?

_____

_____

Ik geef een voorbeeld.

_____

Wat zijn de effecten op mezelf?

_____

_____

Wat is het dilemma waarin ik gevangen zit?
Gedrag nummer 1 _____

Gedrag nummer 2 _____

Gedrag nummer 1. Wat maakt dat ik dat doe?

_____

_____

Wat is daar belangrijk aan? Welke waarde zorgt daarvoor?

_____

_____

Gedrag nummer 2. Wat maakt dat ik dat doe?

_____

_____

Wat is daar belangrijk aan? Welke waarde zorgt daarvoor?

_____

_____

Wat is belangrijker dan waarde 1 en waarde 2?

_____

_____

Wat is zo belangrijk aan deze derde (hogere) waarde?

Wat gebeurt met me als ik te weinig van deze derde waarde krijg?

Wat geeft deze hogere derde waarde me?

Wat zal er gebeuren als ik deze derde waarde als belangrijkste toetssteen neem in de beschreven situatie?

Wat ga ik anders doen?

Controleer:
Is het positief geformuleerd?

Is het in eigen beheer uit te voeren?

Geeft het energie?

Antwoorden

Boudewijn
In het stukje van de casus zitten:
- het beeld: de geknotte eik
- de overtuiging: als er een beroep op me gedaan wordt, dan *moet* ik daaraan gehoor geven
- de waarde: verantwoordelijkheid.

Je hebt de zeven aspecten van je persoonlijkheid leren kennen. Je hebt je ongemak verminderd. Nu maak je de vervolgstap. Met de balanced coach card™ geef je vorm aan je toekomst. Je bundelt en richt je energie.

Edwin: mijn zelfvertrouwen is terug

Edwin heeft een flink aantal stappen gezet in het proces van zelfcoaching en daarbij een aantal ongemakken en de bijbehorende mechanismen ontdekt. Op een rijtje gezet, ziet dat er als volgt uit:

MIJN ONGEMAK IS DAT IK ME VAAK INCAPABEL VOEL
Mijn overtuiging is: 'Ik moet meerwaarde hebben. Ik ben verantwoordelijk.'
Het mechanisme daarbij is: 'Ik vul niet in waarvoor ik verantwoordelijk ben, of wat mijn meerwaarde moet zijn en op welk moment.'
De werking ervan is: 'Ik ben voor *alles* en *iedereen* verantwoordelijk. Ik moet *nu* een *totale* meerwaarde hebben.'
De effecten op mij zijn: 'Ik kan niet voldoen aan dit niet-gespecificeerde totale eisenpakket. Dat veroorzaakt faalgevoelens, paniek, schuld.'
Mijn oplossing is: 'Ik vul in waarvoor ik verantwoordelijk ben en op welk moment. Dus welke meerwaarde reëel van mij verwacht mag worden op welk moment, nu en in de toekomst.'

Voorbeeld: ik zit twee maanden op deze plek en heb de erfenis van mijn voorganger overgenomen. Mijn meerwaarde nu is, dat ik de belangrijkste dossiers ken en enkele trajecten beter op de rails heb gezet. Ik heb een analyse gemaakt van de huidige toestand en een visie ontwikkeld waar ik over drie jaar wil zijn. Mijn meerwaarde over drie maanden is dat ik dan de bewaking van alle projecten geregeld heb en samen met mijn medewerkers de voortgang monitor. Mijn meerwaarde over zes maanden is … et cetera.

MIJN ONGEMAK IS DAT IK WERK VAN MIJN MEDEWERKERS OVERNEEM
Werk dat door medewerkers gedaan moet worden, blijft liggen. Het is belangrijk werk. Ik neem het werk over en ga het zelf doen. Mijn overtuiging is: 'Ik ben verantwoordelijk voor de afdeling.'
De effecten op mij zijn: 'Nog meer werk/ik raak overvoerd.'
Mijn oplossing is: 'Ik wil de vraag beantwoorden: waarvoor ben ik verantwoordelijk als leidinggevende?'
Mijn antwoord is: 'Ik ben verantwoordelijk voor het geven van heldere opdrachten, het maken van realistische afspraken en het stimuleren van mijn medewerkers. Zij zijn verantwoordelijk voor het op tijd afleveren van hun werk. Als ik het werk overneem, ontneem ik hun de kans om te leren.'

Edwin had regelmatig paniekaanvallen en die zijn een stuk minder geworden. Hij herkent steeds sneller het patroon en weet het dan te doorbreken en ander gedrag ervoor in de plaats te stellen. Met andere woorden, Edwin heeft wat aan zijn ongemak gedaan en het grotendeels opgeruimd. Tijd nu voor de toekomst. De weg is vrijgemaakt, de energie is positief, het zelfvertrouwen stevig. Waar gaat Edwin zijn energie op richten? Wat gaat hij doen met zijn geloof in eigen talenten?

De achtergrond

De balanced coach card™ is een prachtig instrument om doelen voor zelfontwikkeling concreet te benoemen en zo sturing op de eigen toekomst te zetten. Hoe werkt dit instrument? Eigenlijk heel simpel en logisch. Je begint groot en daardoor een beetje vaag en werkt dan stap voor stap naar concrete, bereikbare doelen en de acties die je gaat nemen. We volgen Edwin als hij zijn energie gaat bundelen en richten op de toekomst. Hieronder staan die stappen stuk voor stuk beschreven. De cursieve zinnen helpen Edwin en jou om de juiste antwoorden te vinden.

Stap 1: kies maximaal vier belangrijke gebieden.
Wat vind ik belangrijke gebieden in mijn leven?
Edwin kiest: werk, gezin, sociale contacten, creatieve ontwikkeling.

Stap 2: begin met één gebied helemaal in te vullen. Benoem een of meer succesfactoren.
Wat draagt bij aan mijn succes op het gebied van werk?
Edwin: 'In mijn werk is het belangrijk om niet geleefd te worden: ik wil ruimte hebben om over de dingen van het werk na te kunnen denken.'

Stap 3: kies een of meer prestatie-indicatoren per succesfactor.
Waaraan meet ik af hoe ik ervoor sta op deze succesfactor?
Edwin: 'Ik werk vier dagen per week. Op twee van de vier dagen wil ik ruimte hebben in de agenda.'

Stap 4: doelen per indicator.
Wat wil ik bereiken/welke scores op de prestatie-indicator?
Edwin: 'Op die twee dagen wil ik elke dag een blok van twee uur in de agenda hebben staan.'

Stap 5: acties.
Wat ga ik doen om mijn doel te bereiken?
Edwin schrijft op: 'Ik wil twee blokken van twee uur per week in de agenda waarin geen afspraken staan. Ik geef mijn secretaresse de opdracht om dit te regelen; zij beheert mijn agenda. Ik neem op vrijdagavond de agenda voor de komende week door. Als ik zie dat de blokken er niet of onvoldoende in staan, schrap ik afspraken en geef dit aan mijn secretaresse door om te verwerken. Als dit nog onvoldoende is, schrap ik op de dag zelf.'

Stap 6: controleer op de haalbaarheid.
Wat kan me nog tegenhouden om dit uit te voeren?
Edwin: 'Op de dag zelf schrappen, zullen ze niet leuk vinden en ik ben
verantwoordelijk voor de goeie sfeer op de afdeling.'

Stap 7: werken aan de haalbaarheid.
Wat kan ik doen om het haalbaar te maken?
(Opmerking: Als je op vraag 6 geantwoord hebt dat niets de haalbaarheid
in de weg staat, is stap 7 verder niet van toepassing.)

Edwin zit dus in een dilemma: hij wil ruimte voor zichzelf creëren, maar
aarzelt om de derde stap te zetten. Hij denkt dat de goede sfeer eronder
lijdt, als hij strak vasthoudt aan deze wens. Hij heeft dus twee wensen
die ogenschijnlijk met elkaar in tegenspraak zijn. In dit geval kan Edwin
zichzelf daarin coachen op de inmiddels beproefde manier (zie hoofdstuk
7 over waarden en dilemma's).
Het eind is bereikt als hij zegt: niets houdt me nog tegen. Ik ga het gewoon doen.

DE ENERGIETEST

Edwin heeft nu één gebied helemaal uitgewerkt en met zijn acties kan hij
volgende week beginnen. Een belangrijke controle is het energieniveau:
heeft Edwin zin om eraan te beginnen? Is het een aanlokkelijk perspectief
om die twee keer twee uren tot zijn beschikking te hebben? Hij zegt
op beide vragen 'ja' en daarmee heeft hij de energietest uitgevoerd. Als
het antwoord 'nee' is, heeft Edwin ergens onderweg de foute dingen
ingevuld en hetzelfde geldt voor jou, als je op de energietest negatieve
antwoorden invult. Meestal heb je dan niet ingevuld wat je graag *wilt,*
maar wat je denkt dat je *moet.* Start dan opnieuw.

Begin nu met het coachen van jezelf naar de toekomst. Kies drie, maxi-
maal vier, gebieden die je belangrijk vindt om verder in te vullen en uit
te werken.
Gebied 1 _____
Gebied 2 _____
Gebied 3 _____

Als je zin hebt, kun je nu aan de slag gaan om alle stappen in te vullen. Als je nog een voorbeeld wilt, kun je eerst Anna volgen bij het invullen van haar balanced coach card™. Hierdoor ervaar je nog een keer hoe je de stappen kunt invullen en hoe concrete acties je naar een energie- en succesvolle toekomst leiden.

Anna: gezondheid boven alles

Anna is nu hoogleraar, een succesvol publiciste en wereldwijd een veelgevraagde gastspreker. Dat is wel eens anders geweest. Er was een tijd dat het energieniveau laag was en allerlei lichamelijke verschijnselen op een naderende burn-out wezen. De betekenis van een burn-out en de bijbehorende symptomen is bijna nooit dat er te veel werk gedaan moet worden. Bijna altijd is de betekenis wel dat het werk meer energie kost dan het oplevert. En dat leidt uiteindelijk tot de fysieke en mentale uitputting. Dat laatste gold in belangrijke mate ook voor Anna. In die tijd was ze organisatieadviseur in dienst van een van de grote firma's op dat gebied. Het werk leverde niet genoeg energie meer op. Om dat te herkennen en erkennen kostte tijd en een investering in zelfcoaching. Na het een en ander op het persoonlijke vlak te hebben opgeruimd, was de weg vrij om eigen en nieuwe keuzes voor de toekomst te maken.

Stap 1: wat vind ik belangrijke gebieden in mijn leven?
De gebieden die ik kies om mijn permanente persoonlijke ontwikkeling te sturen, zijn schrijven, klanten en vrijheid.

Stap 2: wat draagt bij aan mijn succes op het gebied schrijven?
Ik wil publiceren in gerenommeerde tijdschriften en bij internationale uitgevers.

Stap 3: waaraan meet ik mijn succes af?
Ik meet succes af aan het aantal publicaties per jaar.

Stap 4: welke doelen per indicator stel ik?
Ik schrijf zeker één boek per jaar en twee artikelen.

Stap 5: welke acties ga ik ondernemen om de doelen te halen?
* Ik houd één dag per week vrij om te schrijven.
* Ik bepaal samen met klanten welke onderwerpen hen interesseren; daarover schrijf ik.
* Ik ga twee samenwerkingsverbanden aan met collega's om snelheid te ontwikkelen.

Stap 6: wat kan me ervan weerhouden om deze acties uit te voeren?
Niets.

Stap 7: wat kan ik doen om het haalbaar te maken?
Niet van toepassing.

De energietest
Heb ik zin om de acties uit te voeren? Ja, volmondig ja.

Anna heeft nu één gebied ingevuld. Ze gaat door met het tweede en daarna het derde gebied. Daarna gaat ze de balans aanbrengen tussen alle acties.

HET AANBRENGEN VAN DE BALANS
Als je drie of maximaal vier gebieden hebt gekozen en deze verder hebt ingevuld, dan kun je tot handelen overgaan. Je hebt immers de acties beschreven en je hebt er zin in.

We pakken het voorbeeld van Edwin nog een keer. Edwin beschrijft hoe hij ruimte gaat creëren op het werk, zodat hij niet opgeslokt wordt door de enorme hoeveelheid werk elke dag. Hij werkt de gebieden gezin en creatieve ontwikkeling uit. Tijdens de uitwerking van het gebied sociale contacten komt hij erachter dat hij die contacten niet echt belangrijk vindt, maar dat hij geacht wordt ze belangrijk te vinden. Je behoort toch aandacht aan je vrienden te geven, is de overtuiging. Maar het idee om er tijd in te steken, levert geen energie op, maar een diepe zucht. Dus schrapt Edwin dit gebied.

Dan blijven drie gebieden over. Edwin wil zijn tijd en aandacht over deze drie gebieden verdelen. Die verdeling moet in balans zijn. Dat betekent niet dat elk gebied evenveel tijd en aandacht krijgt. Werk zal de meeste tijd vragen en krijgen. Het betekent wel, dat hij zelf kiest voor de verdeling en deze handhaaft. De eisen van zijn omgeving mogen wel wat invloed hebben, maar hijzelf blijft de balans bepalen. Dit is vaak lastig. Er is één belangrijke hulpbron, die Edwin en jou kan helpen om dat evenwicht te bewaren: de achtste stap.

DE ACHTSTE STAP: KIES DE LEIDENDE WAARDE IN JE LEVEN
Je kunt jezelf de volgende vraag stellen: '*Wat wil ik leidend maken in mijn leven?*' Als ik belangrijke keuzes maken moet, waaraan wil ik mijn keuzes dan toetsen?

Edwin ontdekt dat authenticiteit voor hem het allerbelangrijkst is. Hij zegt: 'Ik geloof dat mijn opdracht in het leven is om authentiek te worden. Om te worden, wat ik in aanleg ben. Ik ben meer dan werk alleen. Ik vind mijn gezin wezenlijk belangrijk en ik vind mijn creatieve mogelijkheden wezenlijk belangrijk. Als ik een van drieën verwaarloos, kan ik geen authentiek mens zijn.'

Anna monitort: Als ik terugkijk op het maken van mijn balanced coach card™, realiseer ik mij dat de keuze voor deze gebieden en de verdere uitwerking in succesfactoren, doelen en acties wezenlijk zijn voor de stappen die ik heb gezet. Eerst was ik partner bij een gerenommeerde organisatie. Daar kon ik voor mijn gevoel niet verder en ik werd er ziek van. Uiteindelijk heb ik me vrijgemaakt en heb ik voor mijzelf, mijn eigen autoriteit en gezondheid gekozen.
Gezondheid is de belangrijkste waarde. Bij alles wat ik doe, bij elke aanvraag die ik krijg, toets ik deze aan dit criterium: is het goed voor mijn gezondheid of niet? Als ik verwacht dat het niet goed is, stop ik ermee of wijs het verzoek rigoureus af.

Door dit alles is de wereld letterlijk voor me opengegaan. Ik ben nu hoogleraar. In alle vrijheid onderzoek ik en laat ik onderzoeken, waardoor de productie van artikelen en boeken bijna als vanzelf gaat. Mijn creativiteit en kwaliteit nemen nog steeds toe. Ik word veel gevraagd als spreker en mijn gehoor is zeer te spreken over wat ik hun te vertellen heb.

Het is een worsteling geweest om mijn eigen pad te kiezen. Door voor mijn eigen toekomst te kiezen, ben ik veel meer tot mijn recht gekomen en met deze drie pijlers in mijn balanced coach card™ kan ik nog wel een tijdje voort.

HET KADER VAN JE BALANCED COACH CARD™

Met de balanced coach card™ schrijf je jezelf je gewenste toekomst in. Je bent aardig wat ballast kwijt. Nu vul je je rugzak met zaken die je graag meeneemt. Je bepakking is evenwichtig en geeft je de vrijheid om in je eigen tempo, met goede energie, je leven en werk verder vorm en invulling te geven.

Als je je gebieden hebt gekozen, kun je in één zelfcoachsessie je balanced coach card™ helemaal invullen. Of je neemt de tijd en werkt op verschillende momenten aan de invulling: gebied voor gebied. Laat dat afhangen van je lust en energie. De stappen in het schema helpen je. Veel succes en plezier.

Stap 8: mijn balanced coach card™

Wat vind ik belangrijke gebieden in mijn leven?
Gebied 1 _____
Gebied 2 _____
Gebied 3 _____
Gebied 4 _____

Gebied 1:
Succesfactor: wat draagt bij aan mijn succes op dit gebied?
_____

Indicator: waaraan meet ik af hoe ik ervoor sta?

Doel: wat wil ik bereiken op deze indicator?

Acties: wat ga ik doen om mijn doel te bereiken?

Haalbaarheid: wat kan me nog tegenhouden om dit uit te voeren?

Werken aan de haalbaarheid: wat doe ik om het haalbaar te maken?

Wat is de leidende waarde in mijn leven?

Herhaal deze stappen voor de andere drie gebieden.

9 ZIT DAT ZO?
EEN PERSOONLIJKHEIDSMODEL

In het persoonlijkheidsmodel herken je de zeven aspecten waarmee je gewerkt hebt. Het is een visuele steun en biedt je een overzicht.

De kern van zelfcoachen bestaat uit twee elementen:
- opruimen van ongemak dat je ondervindt door de manier waarop je nu functioneert
- richten van je vrijkomende energie op je toekomst.

In de hoofdstukken hiervoor zijn beide aspecten aan bod gekomen. Het opruimen van het ongemak heeft de meeste aandacht gekregen. In een aantal stappen ben je op zoek gegaan naar informatie die aangeeft waarom je in een situatie reageert zoals je doet. Soms zorgt een beeld daarvoor. Een volgende keer is het een gevoel dat je dwingt op een bepaalde manier te reageren. Dan weer speelt een ander element zijn eigen spel. Soms werken die elementen elkaar tegen en dat geeft ongemak. Als je weet hoe je persoonlijkheid werkt, kun je aan de slag gaan om gelukkiger te worden en succesvoller te gaan handelen. Door jezelf te coachen, laat je je persoonlijkheid voor je werken. Zij is een bron van energie, waaruit je kunt putten.

De essentiële elementen van zelfcoachen

We ontwierpen een model van de persoonlijkheid dat voortbouwt op de ideeën van Gregory Bateson[1]. Hij formuleerde het denkbeeld van hiërarchische lagen binnen de persoonlijkheid. Ons model heeft ook een visuele vorm:

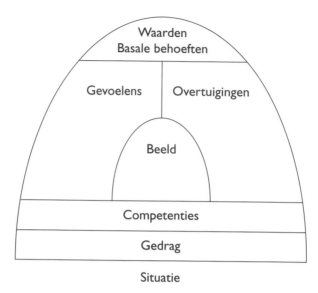

Het persoonlijkheidsmodel © ACC

GEDRAG

Het laagste niveau is dat van het observeerbare gedrag. Het is alles wat je doet en dus door anderen waarneembaar is. De ander kan je zien, horen, voelen, ruiken. Kortom, door zijn zintuigen neemt hij je waar. Uiteindelijk gaat het erom vrij te zijn in de keuze van je gedrag. Je wilt zo handelen, dat je na afloop tevreden bent over jezelf.

Gedrag kun je specificeren en beschrijven door deze vragen te stellen:
• Wat doe ik in deze situatie?
• Hoe reageer ik?
• Welke actie heb ik genomen?
• Wat kan een ander mij zien en horen doen?

COMPETENTIES

Boven het gedragsniveau zit de laag van de competenties. Een bekende indeling is die van kennen en kunnen: kennis en vaardigheden. Ervaring kan hieraan toegevoegd worden, maar ook de fysieke mogelijkheden die iemand ten dienste staan.

Competenties kunnen omgezet worden in gedrag als de situatie daarom vraagt. Kennis kan worden ingezet, vaardigheden kunnen worden toegepast en ervaring wordt daarin verwerkt.

Competenties vul je in door deze vragen te stellen:
- In hoeverre heb ik de kennis om dit te doen?
- Wat kan ik in deze situatie?
- Welke ervaring heb ik op dit gebied?
- Welke kwaliteiten kan ik inzetten?

BELEVINGSWERELD
Het derde niveau betreft de belevingswereld. Deze innerlijke wereld kent drie componenten: gevoelens, beelden en overtuigingen. De betekenis van deze componenten is dat ze bevorderend of belemmerend werken op de omzetting van competenties in actueel gedrag.

1 Gevoelens
Bij gevoelens moeten we denken aan zelfvertrouwen, acceptatie, blijdschap, liefde, haat, angst, afkeuring, ontevredenheid, trots, veiligheid.

Specifieke gevoelens benoem je als antwoord op de volgende vragen:
- Wat doet dat met me?
- Wat maakt dat bij me los?
- Welke gevoelens roept dat op?
- Hoe beïnvloedt het mijn stemming?

2 Beelden
Beelden kunnen herinneringen zijn aan beleefde situaties die als foto's of flarden film voor ons geestesoog verschijnen. Soms verschijnen ze als metaforen. 'Deze groep is als een karavaan die door de woestijn trekt.' Soms zijn het constructies waarin een gebeurtenis in de toekomst verbeeld wordt. Iemand gaat bijvoorbeeld op sollicitatiegesprek en stelt zich het gesprek al voor.

De volgende vragen helpen je om je beelden op te roepen:
* Hoe zie ik mezelf/het geheel?
* Heb ik hier een plaatje bij?
* Waar associeer ik dit mee?
* Waar kan ik het mee vergelijken?

3 Overtuigingen

Dit zijn de zinnetjes die we tegen onszelf zeggen. 'Het is goed om eerlijk te zijn' is een voorbeeld. Vaak horen we ook nog de stem van degenen die deze overtuigingen vaak tegen ons herhaald hebben. De stem van vader of moeder, de klank van de bewonderde leraar, de intonatie van degene die we tot voorbeeld hadden gekozen en soms onze eigen stem. Overtuigingen zijn sterke gedragsvoorschriften. 'We behoren op tijd te zijn' en 'Natuurlijk houd je je aan afspraken' zijn hier voorbeelden van.

Overtuigingen krijg je als antwoord op de volgende vragen:
* Wat vind ik ervan?
* Hoe zou het eigenlijk moeten?
* Wat vind ik logisch in dit geval?
* Hoe hoort het volgens mij?

WAARDEN EN BASALE BEHOEFTEN

Het hoogste niveau in de hiërarchie van het persoonlijkheidsmodel wordt gevuld door wat we in ons leven als zeer belangrijk ervaren. We noemen deze elementen waarden. Voorbeelden ervan zijn: saamhorigheid, integriteit, betrouwbaarheid, ontplooiing, uitdaging, rechtvaardigheid, liefde. Het zijn de elementen in onze persoonlijkheid die de zingeving verzorgen.

Waarden zijn ook tegelijkertijd de bronnen en toetsstenen voor onze overtuigingen. De werking is dan als volgt: 'Als ik betrouwbaarheid belangrijk vind, dan behoor ik me aan afspraken te houden.' Strijdige waarden kunnen voor een dilemma zorgen, waarin je heen en weer gaat tussen beide polen en zelden tevreden bent met je gedrag.

Waarden krijg je als antwoord op de volgende vragen:
- Wat vind ik echt belangrijk?
- Wat beweegt me?
- Wat drijft me wezenlijk?
- Wat geeft me energie?

De basale behoeften hebben een even sterke werking. Dit onderdeel is mede gebaseerd op het werk van Ingeborg Bosch[2]. We willen geaccepteerd worden, competent zijn en invloed hebben. Als we hiervan te weinig ervaren, doet dat zeer. Soms doet dat zo zeer, dat we vluchtwegen zoeken om de pijn dragelijk te maken.

De basale behoeften worden belicht als je vraagt:
- Waaraan heb ik echt behoefte?
- Wat mis ik, wat ik wel wil hebben?

SITUATIE
Gedrag speelt zich altijd af in een omgeving. Meestal spelen mensen daarin een rol. In ieder geval zijn het concrete feiten, die tot een actie oproepen. Het is van belang om deze situatieve feiten te beschrijven en kernachtig samen te vatten.
De kunst is om alleen die gegevens in de coaching te betrekken, die rechtstreeks verband houden met het vertoonde gedrag.

De volgende vragen helpen om de essentiële feiten te isoleren:
- Waarop reageerde ik?
- Wat gebeurde er onmiddellijk voorafgaande aan mijn reactie?
- Wat prikkelde mij in die situatie?
- Wat was de aanleiding voor mijn gedrag?

WERKEN MET DE ELEMENTEN
De elementen zijn dus situatie en gedrag, competenties, overtuigingen, beelden, gevoelens, basale behoeften en waarden. Elk van deze elementen heeft in een hoofdstuk de volle aandacht gekregen. De schema's bij elk hoofdstuk hebben je geholpen om de analyse te maken – zo zit het bij

mij – en om er vervolgens verandering in aan te brengen: en zo zit het nu bij mij. De oorzaken voor allerlei ongemak zitten bijna altijd in de belevingswereld en het niveau van basale behoeften en waarden.
Model, methodiek en voorbeelden geven je de kans om je persoonlijkheid in balans te brengen en je kracht te ervaren.

Noten

1   Bateson, Gregory, *Steps to an ecology of mind: collected essays in anthropology, psychiatry, evolution, and epistemology.* University of Chicago Press, Chicago, 1999.

2   Bosch, Ingeborg, *De herontdekking van het ware zelf: een zoektocht naar emotionele harmonie.* Veen, Amsterdam, 2006.

10 VOORTGANG EN SUCCESSEN

Leg je successen vast en geniet ervan. Ze geven extra energie om door te gaan.

Het lijkt een natuurlijke neiging van mensen om te vergeten wat ze al bereikt hebben en te focussen op wat nog gedaan moet worden. Dat is goed, want het houdt de vaart erin, maar het is nog beter om af en toe stil te staan en je eens even om te draaien. Dan zie je de weg die je afgelegd hebt en dat is vaak al een respectabele afstand. Dus: zie om en verheug je. Het mooie is, dat het helemaal niet zoveel tijd vraagt en een heleboel positieve energie oplevert.

Met onderstaande schema's kun je jezelf monitoren.

Het monitoren van mijn voortgang

stap 1: situaties en gedrag
Wat heb ik bereikt door situaties en gedrag in kaart te brengen?

_____

_____

Ik geef een voorbeeld.

_____

_____

Wat zijn de effecten op mezelf?

_____

_____

_____

Waaraan meet ik mijn succes af?

_____

_____

Stap 2: competenties

Wat heb ik bereikt door met mijn competenties te werken?

_____

Ik geef een voorbeeld.

_____

Wat zijn de effecten op mezelf?

_____

Waaraan meet ik mijn succes af?

_____

Stap 3: overtuigingen

Wat heb ik bereikt door met mijn overtuigingen te werken?

_____

Ik geef een voorbeeld.

_____

Wat zijn de effecten op mezelf?

_____

Waaraan meet ik mijn succes af?

_____

Stap 4: beelden

Wat heb ik bereikt door met mijn beelden te werken?

_____

Ik geef een voorbeeld.

_____

_____

Wat zijn de effecten op mezelf?

_____

_____

Waaraan meet ik mijn succes af?

_____

_____

Stap 5: gevoelens
Wat heb ik bereikt door met mijn gevoelens te werken?

_____

_____

Ik geef een voorbeeld.

_____

_____

Wat zijn de effecten op mezelf?

_____

_____

Waaraan meet ik mijn succes af?

_____

_____

Stap 6: basale behoeften en ongemakkelijke patronen
Wat heb ik bereikt door hiermee te werken?

_____

_____

Ik geef een voorbeeld.

_____

_____

Wat zijn de effecten op mezelf?

_____

_____

_____

Waaraan meet ik mijn succes af?

_____

_____

Stap 7: waarden en het heen-en-weerdilemma

Wat heb ik bereikt door met mijn waarden te werken?

_____

_____

Ik geef een voorbeeld.

_____

_____

Wat zijn de effecten op mezelf?

_____

_____

Waaraan meet ik mijn succes af?

_____

_____

Stap 8: op naar de toekomst met de balanced coach card™

Wat heb ik bereikt door met mijn balanced coach card™ te werken?

_____

_____

Ik geef een voorbeeld.

_____

_____

Wat zijn de effecten op mezelf?

_____

_____

Waaraan meet ik mijn succes af?

_____

_____

_____

EEN TRAINING TER ONDERSTEUNING: 'DOE ER WAT AAN'

Dit boek is een handleiding om jezelf te coachen. Veel mensen werken ermee en zetten zichzelf op de weg die naar minder ongemak en meer balans en energie voert. Sommigen willen wel een extra steun bij het verkennen van die weg en van zichzelf. Voor hen geven de auteurs een training met dezelfde naam als het boek: 'Doe er wat aan.'

Als je geïnteresseerd bent, neem dan contact op met Thea Groeneveld en Willem Wanrooij van Associates for Corporate Change: info@associatescc.com.

Op de ACC-website vind je onder andere informatie over data, duur, inhoud en kosten: www.associatescc.com.